edition liberación

Reihe Theologie und Kirche
im Prozeß der Befreiung

Herausgegeben von
Fernando Castillo (Santiago de Chile)
und Bernd Päschke (Mainz)

Band 4
Bernd Päschke
Salvadorianische Passion.
Semana Santa in El Salvador

Band 1
José Aldunate – Fernando Castillo
Franz J. Hinkelammert – Juan Sepúlveda
Primat der Arbeit vor dem Kapital.
Kommentare zur Enzyklika »Laborem exercens«
aus der Sicht der Kirche Lateinamerikas

Band 2
Bernd Päschke
Befreiung von unten lernen.
Zentralamerikanische Herausforderung
theologischer Praxis

Band 3
Hugo Assmann – Franz J. Hinkelammert
Jorge V. Pixley – Pablo Richard
Jon Sobrino
Die Götzen der Unterdrückung
und der befreiende Gott.
Mit einem Nachwort
von Georges Casalis

Bernd Päschke

Salvadorianische Passion

Semana Santa in El Salvador

edition liberación

Münster 1985

Zu danken habe ich Ulrike Junger, Simone Moersch und Beate Engelhard für ihre Mithilfe beim Übersetzen; Ludger Buse und Tobias Müller-Monning für die Gestaltung des Bandes.

Alle Rechte vorbehalten
© edition liberación, Münster 1985
Postfach 1744, D-4400 Münster
ISBN 3-923792-18-2

Typographie: Udo Böwer
Umschlag: Michael Jauczius
Fotos: Bernd Päschke
Zeichnungen entnommen aus:
VIACRUCIS DEL PUEBLO GUATEMALTECO
Satz: Fotosatz Geringhoff, Laer
Druck: Fuldaer Verlagsanstalt, Fulda

CIP-Kurztitelaufnahme der Deutschen Bibliothek

Päschke, Bernd:
Salvadorianische Passion: Semana Santa in El Salvador /
Bernd Päschke. — Münster: Edition Liberación, 1985.
(Reihe Theologie und Kirche im Prozeß der Befreiung; Bd. 4)
ISBN 3-923792-18-2
NE: GT

Inhaltsverzeichnis

Salvadorianische Passion
Semana santa in El Salvador.   7

1. »... nicht der Papst,
das Volk spricht dich heilig!«   9

2. Der Verrat des Judas –
»... und wir haben keine Möglichkeit,
jemandem davon zu erzählen« 19

3. Die Frauen des Kreuzweges –
Mütter und Angehörige
der politischen Gefangenen,
der Verschwundenen und Ermordeten 37

4. »... er hatte keine Gestalt noch Schöne« 57

5. »... wenn wir mit ihm sterben,
leben wir mit ihm« 61

6. »Wir sind verpflichtet,
der Welt die Wahrheit
über das Leiden
unseres Volkes zu sagen« 69

7. »... und woher habt ihr die Kraft
zum Weiterkämpfen?« 77

8. »Die Lieder der Armen
können sie nicht töten« 105

Postskriptum für Laura Lopez,
ermordet am 24. April 1985 119

Gewidmet den kämpfenden und leidenden
Menschen in El Salvador

Semana Santa für den Frieden

Die aus politischen Gründen Ermordeten und Verschwundenen
fordern Gerechtigkeit!

Salvadorianische Passion

Semana santa in El Salvador

Die »Heilige Woche« – semana santa – (Karwoche) hat in El Salvador verschiedene Gesichter: Wollte man den Zeitungen glauben, dann ist ein ganzes Volk unterwegs, um sich – trotz Guerilla – an den Stränden des Pazifik und den schönen vulkanischen Seen dem Urlaubsvergnügen hinzugeben. Wollte man bestimmten Titelfotos ihrer Karsamstagsausgabe glauben, dann stellt sich die Religiosität dieses Volkes mit ihrem Höhepunkt, der Karfreitagsprozession, als prunkhaftes folkloristisches Spektakel dar ohne Beziehung zur gelebten Realität. Von den Menschen in den Flüchtlingslagern, in den Elendsvierteln der Städte, von den Menschen, die auf dem Land den erbarmungslosen Angriffen der Elitebataillone der Regierung, den Bomben und chemischen Waffen der Luftwaffe ausgesetzt sind, ist nicht die Rede.

Normale Ferienfreuden für die wenigen, die es sich leisten können; Flucht und Gefangenschaft, Hunger und Krieg für das Volk der Armen, die um ihr Leben kämpfen; zur Folklore entfremdete Religiosität für das Image der Herrschenden.

Von den unterdrückten Völkern Zentralamerikas wird die Leidensgeschichte des Jesus von Nazaret nicht nur in dieser Woche immer wieder neu als eigenes Schicksal erfahren. Im Nach-Denken und Nach-Empfinden, in der aktuellen Inszenierung seiner Passion, die *ihre* semana santa bestimmen, findet die eigene, seit Jahrhunderten dauernde Leidenssituation einen authentischen Ausdruck. Wo Menschen Armut als konkrete Nähe zum Tod erfahren, verstehen sie den sterbenden Jesus als einen der ihren, der ihr Schicksal teilt.

Der Kampf dieser Menschen für Gerechtigkeit, für ihr Recht auf Leben hat dem Leiden die Trost- und Ausweglosigkeit genommen, zugleich aber neue Unterdrückung und Verfolgung als Antwort der herrschenden Klassen zur Folge gehabt. Die Nähe dieser eigenen gegenwärtigen Todeserfahrungen zum Geschick des leidenden und getöteten Christus ermöglicht es den Verdammten dieser Erde, sich mit ihm zu identifizieren: Er wird gefangengenommen, verhört, gefoltert, er leidet die Schmerzen, die so viele Menschen dieses Kontinents erfahren haben.

In dem ans Kreuz geschlagenen Jesus erkennen sich heute jene wieder, denen man die Freiheit genommen hat und nimmt, über sich selbst zu bestimmen, sich zu wehren, sich zu organisieren; die man für fremde Interessen zum Krieg zwingt, obwohl sie Frieden wollen; die man das zu tun zwingt, was sie nicht wollen – ihre eigenen Brüder zu töten. Es ist deshalb kein Spiel mit Worten, von den heute in El Salvador, Guatemala und Honduras gekreuzigten Völkern zu sprechen. Sie werden gekreuzigt, weil sie arm sind und für ihr Recht auf Leben kämpfen!

Eingeladen, am Alltag christlicher Basisgemeinden teilzunehmen, hatte ich 1983 die Möglichkeit, während der semana santa in El Salvador zu sein. Eine Aufarbeitung meiner Eindrücke und Erfahrungen ist mir bis heute nicht gelungen. Ich bin damit nicht fertiggeworden. Das Unangemessene von Bericht und Interpretation des zeitweiligen Besuchers wird mir immer wieder deutlich, wenn ich die Tonbandaufnahmen mit den Stimmen meiner damaligen Gesprächspartner höre. Ich möchte darum auf den folgenden Seiten vor allem die Betroffenen selbst zur Sprache kommen lassen.

1. »... nicht der Papst, das Volk spricht dich heilig!«

In der Nacht vom 23. zum 24. März feiern die Flüchtlinge in einem Lager der Hauptstadt den dritten Todestag ihres ermordeten Bischofs. Schon den ganzen Tag über waren vor allem die Kinder mit der Vorbereitung beschäftigt: Mit armseligen Mitteln fertigten sie Transparente und Fackeln an, übten ein Rollenspiel ein.

Sie, die Flüchtlinge selbst, sind dann auch Subjekte und Akteure dieser »Nachtwache« (vigilia), nicht Objekte einer liturgischen Versammlung. Mit eintretender Dunkelheit versammelten sie sich zur gemeinsamen, selbstgestalteten Feier.

Es wird eine lange Nacht bis zum Morgengrauen des 24. März. Sie sprechen von dem, was sie erlebt haben; von ihren Hoffnungen; sie erzählen von denen, die in den Bergen kämpfen, und davon, was Romero für sie in dieser Lage bedeutet. Und immer wieder die gemeinsamen Lieder als Ausdruck all dieser Erfahrungen und Hoffnungen. Dann tritt eine Gruppe von 10-12jährigen Mädchen nach vorn. Sie »spielen« bis in Einzelheiten hinein exakt dokumentarisch die Ermordung Romeros. Später dann: ein Fackelzug in dunkler Nacht mit jenen Bildern Romeros, mit denen die Basisgemeinden den Papst empfangen wollten, die dann aber auf die Intervention der päpstlichen Nuntiatur hin verboten wurden.

Am nächsten Tag: Der Besuch des Papstes hatte es jedenfalls möglich gemacht, daß in diesem Jahr die offizielle Kirche es zum ersten Mal wagte, am 24. März eine Gedenkmesse für Romero in der Kathedrale zu feiern. Die Predigt seines inzwischen vom Papst bestätigten Nachfolgers Rivera y Damas ist sehr vorsichtig formuliert, sie besteht vor allem aus langen Zitaten von Äußerungen des Papstes über Romero. Die Menschen in der überfüllten Kirche unterbrechen die Predigt mit häufigem Applaus: nicht wegen bestimmter inhaltlicher Aussagen, wie es mir schien, sondern immer dann, wenn der Name Romero fällt. Am Schluß der Messe eine unvorhergesehene Szene: Vertreter der Basisgemeinden ziehen unter lang andauerndem Applaus mit erhobenen Palmenzweigen durch die Kathedrale zum Grab Romeros.

Über die Bedeutung des Todes Romeros für die Basisgemeinden sprach ich mit einem Katecheten in einem Flüchtlingslager:

Bis zu dem Tag, an dem Monseñor Romero ermordet wurde, entwickelte sich die Arbeit der christlichen Basisgemeinden trotz aller Schwierigkeiten sehr vielversprechend. Es zeigte sich, daß das Volk verstanden hatte, welchen Weg es gehen mußte, um eine friedliche Lösung der Probleme zu finden. In dieser Zeit war die Bewegung der Basisgemeinden im ganzen Land so stark, daß die Menschen ganzer Gebiete sich in Basisgemeinden zusammenschlossen. Doch nach dem Tod unseres geliebten Hirten Monseñor Romero wurden diese Gemeinden von Sicherheitskräften, von der Armee und von sämtlichen Unterdrückungsapparaten der Regierung auf grausamste und unbarmherzigste Weise verfolgt. Viele, die Romeros Ideen mitgetragen hatten, wurden ermordet; viele mußten sich verstecken oder mußten praktisch in den Untergrund gehen, um weiterarbeiten zu können. Der Tod von Monseñor Romero war ein großer Rückschlag für uns alle.

Ist es denn überhaupt noch möglich, innerhalb von Gottesdiensten öffentliche Anklagen und Kritik auszusprechen, wie es Romero in seinen Predigten tat?

Nach seinem Tod waren wir erschrocken über die Tatsache, daß sie es gewagt hatten, einen Bischof zu ermorden. Wir dachten, daß sie uns dann erst recht töten können. Und so ist es auch: Wer heute Anklagen und

Kritik öffentlich ausspricht, wird ermordet. Außerdem hat sich die Zuhörerschaft in den Kirchen geändert. Einige kommen nicht mehr aus Angst vor Repressionen; andere kommen, aber verleugnen ihren Glauben; und wiederum andere sind Spitzel und arbeiten für die Sicherheitskräfte.

Nach Romeros Tod gründeten die Basisgemeinden eine »Nationale Koordination der Kirche des Volkes« (CONIP). Wie hat sich ihre Arbeit entwickelt?

Ich bin darüber nicht sehr genau informiert. Ich habe lediglich gehört, daß diese Koordination nicht so funktioniert, wie es zu wünschen wäre. Das Problem ist, daß die Bischöfe nicht mit der Arbeit der »Kirche des Volkes« einverstanden sind und sie oft als »Parallelkirche« bezeichnen, obwohl niemand je die Absicht hatte, eine solche zu schaffen.

Als Monseñor Romero noch lebte, haben Vertreter der Kirche des Volkes alles getan, um mit ihm in Verbindung zu stehen. Er stellte sogar Räume im Erzbischofsamt für Versammlungen zur Verfügung. Jetzt ist so etwas nicht mehr möglich.

Welche Konsequenzen hatte das für die Mitglieder der CONIP?

Jeder, der sich mit der Arbeit der CONIP identifizierte, wurde wie ein Guerillero von der Armee und den Sicherheitskräften verfolgt; viele wurden verschleppt, gefoltert und ermordet.

Es macht uns Sorge, daß es gerade die Kirche ist, die unsere Arbeit verurteilt, wo wir es doch als unsere Aufgabe ansehen, das Evangelium, das Christus uns verkündet hat, weiterzuführen und seine Botschaft der Gleichheit und Gerechtigkeit an das Volk weiterzugeben. Die Verurteilung der Kirche des Volkes führte dazu, daß einige Gemeinden beschlossen, sich nicht weiter so zu nennen, und aus der CONIP austraten. Andere wollten sich nicht einschüchtern lassen und arbeiten weiter an einer Koordination der Gemeinden.

Was hat es mit der Kritik auf sich, CONIP mißbrauche die Basisgemeinden für ihre politische Arbeit?
   Von wem kommt diese Kritik? Von der Regierung?

Nein, diese Kritik wurde von Christen geäußert, die sich selbst als fortschrittlich verstehen.
   So, von »fortschrittlichen Christen«! Ich kann dazu nur sagen, daß ich zwischen zweierlei Christen unterscheide: Die einen – das sind zum Beispiel wir campesinos – führen ein einfaches und hartes Leben. Wir wurden schon immer am stärksten marginalisiert und auch mit Hilfe des Evangeliums domestiziert. Wir wurden für die wirtschaftlichen und politischen Zwecke der Herrschenden mißbraucht. Doch es kam der Moment, an dem wir christlichen campesinos mit Hilfe des Evangeliums entdeckten, daß die unmenschliche Situation, in der wir leben, keineswegs so gottgewollt ist, wie es uns die Kirche immer dargestellt hat, sondern daß ein paar Familien der herrschenden Klasse in diesem Land – geleitet und unterstützt durch den US-Imperialismus – dafür verantwortlich sind. Diesen Christen ist klargeworden, daß in unserer Gesellschaft tiefgreifende Veränderungen notwendig sind und daß sie den Kampf gegen das System politisch und letztendlich auch militärisch führen müssen.
   Diese Christen handeln natürlich anders als solche, die immer ein bequemes Leben führten und die von ihren Schreibtischen aus Analysen der Wirklichkeit machten, während andere diese Situation täglich aufs Schärfste zu spüren bekommen.
   Der Widerspruch liegt darin, daß die einen ihr gesamtes tägliches Tun und sämtliche ihnen zur Ver-

fügung stehenden Mittel einsetzen, um ihre Befreiung zu erlangen, während andere dieses Verhalten als Vermischung von Politik und Religion bzw. Christsein kritisieren. In unserem Verständnis lebt der Christ in einer Wirklichkeit, die er verändern muß, damit das Christsein praktisch wird und nicht zu bloßem Geschwätz verkommt. Wir können nicht vom Christsein reden und uns dabei konformistisch verhalten und die alltägliche Situation der »sozialen Sünde«, die uns Tag für Tag mordet, dulden. Christsein bedeutet für uns, sich von Anfang bis Ende dem Kampf gegen die ausbeuterischen Strukturen zu verpflichten.

Es gibt Theologen, die argwöhnen, daß die Kirche bei einer solchen Auffassung ihr eigentliches Wesen als Kirche verliere.
Ich verstehe nichts von Theologie. Ich verstehe nur meine eigene Realität und kann deshalb nur darüber sprechen.

Wenn einige in diesem Land den Namen Gottes und das Evangelium mißbrauchen, um andere Brüder und Kinder Gottes auszubeuten, zu marginalisieren und zu ermorden, kann ich nicht schweigen. Ist das etwa unchristlich? Das wahre Christsein besteht gerade darin, daß wir endlich unsere Ketten sprengen und dieser Situation ein Ende bereiten, damit endlich Gerechtigkeit herrscht!

Ich halte nicht viel von großen Worten. Mich interessiert das Konkrete, die Praxis, das, was man erlebt und spürt.

Hier in El Salvador gibt es eine konkrete Realität; und es gibt fünf politische Organisationen, die alle dasselbe Ziel haben: den Sieg, die Befreiung des Volkes. Jede dieser Organisationen hat aufgrund ihrer Analysen ihre eigenen Strategien entwickelt. Bei den einen liegt der Schwerpunkt beim politischen, bei den anderen beim militärischen Kampf. Andere wiederum versuchen beiden Strategien die gleiche Bedeutung beizumessen.

Die Christen haben diese Entwicklungen als Beteiligte aufmerksam verfolgt und sich vor allem in jenen Organisationen engagiert, die sowohl die politische als auch die militärische Arbeit in den Vordergrund stellen. Die große Mehrheit der Christen unterstützt diese Arbeit, und viele sind deshalb auch verfolgt worden. Auch die Menschen in den Flüchtlingslagern haben ihre Hoffnungen in diese Organisationen gesetzt. Deshalb fühlen sich die Menschen in den Flüchtlingslagern auch nicht isoliert, sondern verstehen sich als Teil des gesamten Prozesses. Und deshalb werden sie in ihren Lagern auch immer wieder vom Militär überfallen; und man versucht sie unter totale Kontrolle zu bringen, während gerade Monseñor Romero der vor den militärisch durchgeführten Massakern fliehenden Landbevölkerung Aufnahme und Schutz in den Kirchen seiner Diözese bot. Er war es auch, der im Unterschied zu den anderen Bischöfen unseres Landes für das Recht des unterdrückten und ausgebeuteten Volkes auf eigene politische Organisationen und auf Widerstand eintrat.

Man versteht, warum die Basisgemeinden vom Papstbesuch im März 1983 vor allem erwartet hatten, daß der Heilige Vater die Menschen in den Konfliktgebieten und Flüchtlingslagern besucht, daß er zusammen mit dem Volk das Grab Romeros aufsucht. Johannes Paul II. hatte jedoch eine Kompromißlösung gewählt, die ein zwiespältiges Gefühl hinterließ. Er besuchte zwar – abweichend vom offiziellen Besuchsprogramm – das Grab Romeros, aber nicht öffentlich, sondern gewissermaßen heimlich, eben ohne das Volk! Und was der Papst sicher nie erfahren haben wird: den Streit zwischen Basisgemeinden und der großbürgerlichen kirchlichen Empfangskommission um das offizielle Plakat zum Papstbesuch und vor allem die Repression des Militärs gegenüber den Christen der Basisgemeinden, die am Boulevard del ejercito (Boulevard des Heeres) zwischen dem Militärflughafen Ilopango und San Salvador in der den Papst erwartenden Menschenmenge mit ihren Plakaten an Romero erinnerten und die Lieder des Volkes anstimmten.

Lieder des Volkes, das sind vor allem jene Romero-Lieder, die bald nach seinem Tod entstanden; heimlich gesungen – nicht in den öffentlichen Sonntagsmessen, sondern auf den Treffen der Basisgemeinden, wo jeder jeden kennt.

Am Palmsonntag, dem »domingo de las ramas«, sitze ich nach dem Gottesdienst in einem Arbeitervorort San Salvadors mit der Musikgruppe der Gemeinde im Hinterhof der Kirche zusammen. Die Jugendlichen spielen mir für eine Tonbandaufnahme ein Lied, das sie besonders mögen, jenes Romero-Lied von dem Propheten, der zwar getötet, dessen Stimme aber nicht zum Schweigen gebracht werden kann. Auf meine Frage, ob sie dieses Lied auch im Sonntagsgottesdienst singen, erklären sie dem Besucher mit nachsichtigem Erstaunen über soviel Naivität, warum das nicht möglich ist: Dieses Lied zu singen ist gefährlich. Man kann es nur hinter verschlossenen Türen wagen oder auf einem Hinterhof wie hier, nur dort, wo man vor Spitzeln und Verrätern sicher ist.

Monseñor Romero

Por esta tierra del hambre
yo vi pasar a un viajero
humilde, manso y sincero,
valientemente profeta
que se enfrentó a los tiranos
para acusarles el crimen
de asesinar a su hermano
pa defender a los ricos.

Podran matar al profeta
pero su voz de justicia no
y le impondran el silencio
pero la historia no callara.

Con su evangelio en la mano
Monseñor Romero quiso
hacer justicia y la hizo
pero no gustó al villano
porque su voz fue el aliento
que defendió al campesino
iluminando el camino
la libertad de este pueblo.

Su pecado fue querer
que los obreros comieran
que un Padre Nuestro tuvieran
para rezarlo comiendo.
Cuando Dios no hace justicia
porque no entiendan los ricos
de los pobres sale el grito
que aprendieron del profeta.

La muerte no es coincidencia
deben temblar los tiranos
son ellos los que en sus manos
llevan la mancha del crimen
y toda la oligarquía
torpes de tanta demencia
han firmado su sentencia
comienzan ya su agonía.

Monseñor Romero

Durch dieses Land des Hungers
sah ich einen Wanderer gehen,
bescheiden, ruhig und ehrlich,
ein tapferer Prophet,
der sich den Tyrannen entgegenstellte,
um sie des Verbrechens anzuklagen,
die Brüder zu morden,
um die Reichen zu verteidigen.

Den Propheten können sie töten,
aber seine Stimme der Gerechtigkeit nicht;
sie können ihn zum Verstummen bringen,
aber die Geschichte wird nicht schweigen.

Mit seinem Evangelium in der Hand
wollte Monseñor Romero
Gerechtigkeit schaffen, und er tat es;
aber das gefiel den Verbrechern nicht,
weil seine Stimme die Kraft war,
die den campesino verteidigte,
weil er Licht war auf dem Wege
der Freiheit dieses Volkes.

Es war seine Schuld, zu fordern,
daß die Arbeiter zu essen haben,
daß sie nicht nur mit einem »Vaterunser«
abgespeist werden.
Wenn Gott keine Gerechtigkeit schafft,
weil die Reichen nichts kapieren,
dann erhebt sich von den Armen der Schrei,
den sie vom Propheten lernten.

Der Tod kommt nicht von ungefähr.
Schon müssen die Tyrannen zittern.
Sie sind es, die an ihren Händen
das Mal des Verbrechens tragen
zusammen mit der ganzen Oligarchie.
Dumm geworden durch soviel Wahnsinn,
haben sie bereits ihr eigenes Urteil unterschrieben.
Ihre Stunden sind gezählt.

2. Der Verrat des Judas –
»... und wir haben keine Möglichkeit, jemandem davon zu erzählen«

Hunderte von Flüchtlingen, die vor den Bombenangriffen der salvadorianischen Luftwaffe und der letzten Großoffensive des Heeres aus der Umgebung des nahen Guazapamassivs geflohen sind, warten im Innenhof einer Dorfkirche auf eine erste Essensration. Es ist Mittwochnachmittag. In der ärmlichen Kirche wird die Messe gefeiert. Thema des Gottesdienstes ist die Geschichte vom Verrat des Judas. Der konkrete Bezug braucht und kann nicht ausgesprochen werden. Er ist spürbar und faktisch vorhanden in einer Situation, in der die Katechetin, eine zierliche junge Frau, die der Gemeinde den Text erklärt, damit rechnen muß, daß sich unter den Zuhörenden Spitzel befinden. Der Verrat des Judas ist Alltagswirklichkeit in diesem Dorf, in dem schon so viele Menschen der anonym bleibenden Zusammenarbeit von ORDEN-Mitgliedern – Verrätern unter den eigenen Dorfbewohnern – mit Militärs und Todesschwadronen zum Opfer gefallen sind. Die Geschichte vom Verrat des Judas braucht in Zentralamerika nicht interpretiert zu werden. Sie wird von jedem verstanden, weil sie Teil der eigenen Wirklichkeit ist.

Doch dann kommt die Frage: »Was wirft man Jesus vor, warum hat Judas ihn verraten?« Die Antwort, die mir den Atem stocken läßt, reißt nun doch den historischen Schleier vollends weg: »Man sagt, Jesus handele gegen das Gesetz. Doch in Wirklichkeit schützt das Gesetz nicht den Menschen, wird das Leben nicht respektiert. Darum kam Jesus: damit das Gesetz endlich erfüllt werde, damit es wirklich erfüllt werde, nämlich so, daß Liebe unter allen herrsche, daß das Leben aller respektiert wird, nicht nur einiger weniger.« Für jeden Zuhörer in jener Dorfkirche ist klar, daß hier die Wirklichkeit El Salvadors gemeint ist.

Diese Katechetin weiß, wovon sie spricht. Wie die anderen Mitarbeiter der Gemeinde kann sie nachts nicht im Dorf bleiben. Sie kann es auch nicht wagen, zu einer bestimmten Zeit und mit einem regelmäßigen Verkehrsmittel in das Dorf zu kommen oder es zu verlassen.

Nach dem Gottesdienst setzen wir uns zusammen. Ein campesino erzählt mit leiser, fast flüsternder Stimme von den militärischen Säuberungsaktionen des Heeres am Guazapa, denen er zusammen mit den anderen entkommen ist, von seinen getöteten und verlorenen Familienangehörigen. Hinter verschlossenen Türen in einem abgedunkelten Innenraum singen sie ihr Romero-Lied; einige compañeros bleiben draußen, um im Zweifelsfall warnen zu können.

Inschrift in Tejutepeque/Cabañas: »Ewige Ehre für den Erzbischof der Armen, Monseñor ROMERO zum 5. Jahrestag seiner Ermordung (1985).

Corrido a Monseñor Romero

El 24 de Marzo
la Iglesia no olvidará
otra vez bañan con sangre
al que dijo la verdad.

Hoy nos quitaron al hombre
más valioso de la Iglesia
por su ejemplo y valentía
un verdadero profeta.

Oscar Arnulfo Romero
tu fuíste nuestro pastor
y en los sencillos y humildes
pusiste tu corazón.

Recuerdo cuando llegabas
allá por nuestors cantones
a ver a los campesinos
a ver a tu gente pobre.

La sangre que derramaste
fué por causa de un pueblo
que sufre gran represión
por los ricos y el gobierno.

Al pueblo le queda claro
que tu muerte no fué aislada
fué acción del imperialismo
junto con la Fuerza Armada.

Pilato ha vuelto a la tierra
lo representa el tirano
porque ellos le asesinaron
y ahora se lavan las manos.

Oscar Arnulfo no ha muerto
vive en las luchas del pueblo
por eso nunca te olvida
por tu heróico ejemplo.

21

Lied für Monseñor Romero

Den 24. März
wird die Kirche nicht vergessen.
Ein weiteres Mal vergossen sie das Blut
dessen, der die Wahrheit sagt.

Heute nahmen sie uns
den wertvollsten Menschen der Kirche.
Durch sein Beispiel und seinen Mut
war er ein wirklicher Prophet.

Oscar Arnulfo Romero,
du warst unser Hirte;
und in die Einfachen und Bescheidenen
hast du dein Herz gelegt.

Ich erinnere mich, wie du
in unsere letzten Dörfer kamst,
um die campesinos zu besuchen,
um dein armes Volk zu besuchen.

Dein Blut wurde
für die Sache des Volkes vergossen,
das so große Unterdrückung leidet
durch die Reichen und durch die Regierung.

Für das Volk bleibt es klar,
daß dein Tod kein Zufall war.
Er war eine Tat des Imperialismus,
gemeinsam ausgeführt mit dem Militär.

Pilatus ist zur Erde zurückgekehrt,
der Tyrann ist wieder da;
denn jene, die ihn (Romero) töteten,
waschen heute ihre Hände in Unschuld.

Oscar Arnulfo ist nicht gestorben,
er lebt in den Kämpfen des Volkes.
Deshalb vergißt es dich niemals
wegen deines mutigen Beispiels.

In dem Rundgespräch, das dann folgt, geht es um den Alltag dieser Gemeinde, um die Bedingungen, unter denen Maria, Marta und Juan hier als Katecheten arbeiten.

Juan: Die größte Schwierigkeit, mit der wir hier jeden Tag zu kämpfen haben, ist die Repression. Die Arbeit der christlichen Basisgemeinden wird ständig kontrolliert. Man kann nicht frei sprechen, man kann nicht frei das Evangelium predigen, denn bei jeder Versammlung, in der Kirche, überall wird man von der Armee und den Sicherheitskräften überwacht. Wenn jemand versucht, das Evangelium in engagierter Form zu verkünden, wird er nachts aus seinem Haus geholt. Deshalb müssen wir, um weiterarbeiten zu können, sehr vorsichtig und überlegt vorgehen. Manchmal gelingt es uns sogar, den Feind in irgendeiner Form zu überlisten. Wir arbeiten und überlegen viel, wie wir als Christen denen helfen können, die für eine gerechte Sache kämpfen, welchen Beitrag wir im Befreiungsprozeß leisten können.

Wir haben sehr schmerzliche Verluste gehabt. Zwei Brüder und compañeros, wahre Christen, die sich voll für die Sache eingesetzt haben, haben wir verloren. Sie wurden verschleppt, und wir wissen noch nichts über ihren Verbleib. Der eine ist seit einem halben Jahr verschwunden, der andere schon seit einem ganzen Jahr – er wurde am 24. März 1982 verhaftet; er war in die Hauptstadt gefahren in der Erwartung, daß in der Kathedrale eine Gedenkmesse für Monseñor Romero gefeiert werden würde. Die beiden fehlen uns sehr. Wir versuchen so zu leben, wie sie es uns gezeigt haben, und arbeiten trotz allem weiter.

Maria: 1979, als sich in Guazapa die Repression verschärfte, habe ich drei Vettern verloren. Im August 1983 ist eine Kusine gefallen. Sie war eine der besten Katechetinnen, die wir hatten. Seit 1977 war sie zuständig für die Koordination aller Katecheten in Guazapa. Sie leitete die zahlreichen Katecheten in dieser Zone in ihrer Pastoralarbeit an und organisierte Versammlungen. Sie hatte eine sehr schöne Stimme und konnte alle Lieder des Volkes singen und viele Menschen damit zur Mitarbeit motivieren. Letztes Jahr kam sie hierher zum Zentrum, aber sie arbeitete im Gebiet von San Vincente. Dort, in der Tierra blanca, wurde sie verhaftet und verschleppt, als sie gerade von der Pastoralarbeit kam. Wir wissen nicht, ob sie noch lebt. Wahrscheinlich mußte sie viel leiden und ist furchtbar gefoltert worden. Ihre Mutter leidet sehr, denn sie hat nun schon zwei ihrer Kinder verloren. Meine Kusine hinterließ ihre kleine Tochter, die jetzt praktisch Waisin ist.

Viele Familien haben diese Gegend verlassen, seit in den Jahren 1979/80 die Repression hier immer stärker wurde. Manche sind hier in der Nähe geblieben, andere nach San Salvador oder in ein Flüchtlingslager geflohen, während wiederum andere sich dem bewaffneten Kampf angeschlossen haben.

Marta: Wir versuchen die Basisgemeinde mit dem Geist, den Monseñor Romero uns hinterlassen hat, zu stärken. Wir versuchen das trotz der bestehenden Schwierigkeiten, d.h. der Repression und der Überwachung, durch die jegliche normale Kommunikation verhindert werden soll. Unser Ziel ist es, die Arbeit zu intensivieren und Menschen zu finden, die auf die eine oder andere Art und Weise mitarbeiten können. Wir bilden Kommissionen, die für eine bestimmte Art von Arbeit verantwortlich sind. So gibt es trotz der personellen Verluste immer Menschen, die bereit sind, die Arbeit wieder weiterzuführen.

Die Mitglieder der Basisgemeinden sind allerdings gezwungen, in bestimmten Zeitabständen von ein, zwei Monaten, manchmal auch öfter, ihre Wohnungen zu wechseln, damit der Feind sie nicht findet. Nur so können wir überleben und für die Sache des Volkes weiterarbeiten.

Maria: Ja, im ganzen Land ist die Repression sehr groß, und überall haben die Menschen Angst.

Es ist nicht so schwierig, zu erreichen, daß die Menschen die Notwendigkeit einsehen, sich in diesem Land für die Sache des Volkes einzusetzen. Das Problem ist, sie dazu zu bringen, sich tatsächlich zu engagieren; denn jeder weiß, welches Risiko er dabei eingeht. Aber wir als Christen spüren, daß es unsere Pflicht ist, diese Arbeit zu machen, auch wenn wir sie mitten unter Menschen tun müssen, die uns lieber tot sähen. Vielleicht sollten wir gerade hier unter ihnen überleben; und wir müssen, wie schon gesagt wurde, Möglichkeiten finden, ihnen auszuweichen und zu verhindern, daß sie uns identifizieren. Das ist natürlich sehr anstrengend und kräftezehrend, aber wir versuchen, es gemeinsam zu schaffen und uns gegenseitig Kraft zu geben, damit wir überleben können und Ängste, die uns momentan peinigen, überstehen können.

In dem Gottesdienst, an dem ich eben teilnehmen konnte, hast du an einer Stelle deiner Textauslegung sehr eindeutige Sätze zur Situation der Gesetzlosigkeit in El Salvador gesagt. Kann solche offene Sprache nicht sehr gefährlich für dich werden?

Maria: In eine Messe kommen hier neben den Gläubigen auch solche, die nur kommen, um zu sehen, wer dort redet. Ich hatte gestern eine Warnung erhalten und versuchte deshalb vorsichtig, »versteckt« zu reden. Doch irgendwann läßt man die Vorsicht beiseite und spricht direkt, nennt die Dinge beim Namen. Das ist möglicherweise zu riskant. Aber ich denke, die Leute müssen die Botschaft ja auch verstehen. Sie sollten verstehen, daß es unsere Aufgabe ist, einen neuen Menschen zu formen, eine neue Gesellschaft aufzubauen. Viele, die dieses begriffen hatten, mußten deshalb sterben. Unter ihnen waren Katecheten, Priester und unser Bischof Monseñor Romero, die wußten, daß sie sich einer Gefahr aussetzten.

Vielleicht ist man auch durch Gottes Wort inspiriert. Manchmal, wenn man die Bibel gelesen hat, bekommt man neue Kraft. Es wird einem klar, daß die Menschen auch verstehen müssen, was man gelesen hat. Denn es reicht nicht aus, Gottes Wort zu lesen, man muß es den Leuten auch erklären, sonst kommen sie aus der Kirche, ohne die Botschaft verstanden zu haben, ohne die Zusammenhänge mit ihrem Leben, mit ihrem Alltag erkannt zu haben.

Marta: Ich glaube, daß es für jeden von uns eine innere Verpflichtung ist, solche Erkenntnisse weiterzugeben. Wer ein klares Bewußtsein hat, den läßt sein Gewissen nicht in Ruhe, wenn man in bestimmten Situationen nicht das sagt, was man hätte sagen können.

Juan: Ich habe das auch so empfunden. Vor allem jetzt zur Osterzeit, in der wir Christi Leiden gedenken, fühlt man sich noch stärker verpflichtet, den Mitmenschen mitzuteilen, welche Botschaft Christus uns hinterlassen hat, als er für uns starb.

Ich glaube, wenn wir die Bibel nur lesen, ohne ihre Aussagen in ihrer Verbindlichkeit für uns zu deuten, können wir mehr zerstören als aufbauen. Denn die Leute werden weiterhin ruhig bleiben und ihre Sünden damit rechtfertigen. Deshalb ist es unsere Aufgabe, die Worte Gottes zu interpretieren, uns dazu zu äußern, und wir haben damit auch Erfolg.

Ja, es ist sogar so, daß wir durch die Botschaft Jesu zur Teilnahme am politischen Kampf gebracht werden, denn er sagt, daß es keinen größeren Beweis der Liebe gibt, als sein Leben für andere zu opfern. Und er hat auch gesagt: »Ihr seid das Licht der Welt.« Das heißt, wir Christen müssen die Sünde, die die Errichtung von Gottes Reich auf Erden verhindert, erkennen und verurteilen. Tun wir es nicht, machen wir uns zu Komplizen derer, die gegen Gottes Plan arbeiten, sein Reich zu verwirklichen. Deshalb tun wir das alles mit großer Entschlossenheit. Wenn wir von der Bibel sprechen, bekommen wir Mut. Wir können dann ohne Haß, vielmehr aus Liebe zu unseren Mitmenschen sprechen, damit auch sie ihre Unwissenheit überwinden können. Und wir tun es auch dann, wenn wir dafür sterben müssen.

Welche Bedeutung hatte der Besuch des Papstes für euch?
Maria: Ehrlich gesagt, als engagierte Christen waren wir von seinem Besuch etwas enttäuscht, da wir mehr erwartet hatten. Allerdings hat er bei jenen, die noch nicht viel verstehen, eine gewisse Unruhe gesät, durch die sie den richtigen Weg finden könnten. Wir versuchen jetzt mit unserer Pastoralarbeit hier anzusetzen. In dieser Hinsicht hat der Besuch des Papstes doch etwas Hoffnung hervorgerufen.

Für mich selbst ist die direkte Kommunikation mit euch Christen in Mittelamerika eine sehr wichtige Erfahrung, allein schon die Offenheit und das Vertrauen, mit denen ich hier und in anderen Gemeinden aufgenommen wurde. Aber ich bin mir nicht sicher, ob so ein Besuch wie meiner auch für euch einen Sinn hat.
Juan: Um ehrlich zu sein: Dein Besuch ist für uns von sehr großer Bedeutung, denn wir haben niemanden, mit dem wir über unsere Probleme sprechen können. Wir sind durch unsere Situation gezwungen, zu leiden und zu schweigen. Unsere Regierungen entziehen uns das Recht, unsere Meinung zu äußern. Wir haben kein soziales Kommunikationsmedium, in dem wir über unsere Leiden sprechen können. Sie töten unsere Brüder, unsere Väter – und wir müssen schweigen. Wenn dann zu uns ein Bruder, jemand aus einem anderen Land kommt, ist es für uns, als würde ein Engel vom Himmel herabsteigen. Denn dann können wir mit ihm

vertrauensvoll über alle unsere Probleme reden und diesen großen Schmerz, den wir voll Bitterkeit ins uns tragen, endlich einmal aussprechen.

Ich selbst zum Beispiel komme aus dem Norden Chalatenangos. Seit 1977 bin ich nun Zeuge der traurigen Situation in unserem Land, in dem die Regierung die Bevölkerung auf brutalste Weise unterdrückt, nur weil die Menschen brüderlich leben wollen, wie es im Evangelium steht. Aber sie werden als Kommunisten beschimpft. Heute ist hier jeder subversiv, der hungert, jeder, der kein richtiges Dach überm Kopf hat, jeder, der versucht, die Ungerechtigkeit anzuklagen.

Seit sechs Jahren sehe ich diese Tragödie meines Volkes; und dies ist für mich die erste Gelegenheit – und wie ich schon sagte, es ist für mich wirklich wie ein Wunder –, mit einem Bruder, der sich persönlich mit unserem Schmerz solidarisiert, darüber sprechen zu können. Ich kann Gott nur dafür danken und hoffen, daß auch andere den Mut haben werden, hierherzukommen, damit wir auch ihnen alles berichten können; denn wir haben hier niemanden, dem wir unsere Leiden erzählen können.

Geht es hier nicht um etwas Gegenseitiges? Wir Europäer können viel von euch lernen, weil ihr uns helft, unsere eigene politische Situation aus der Perspektive der Dritten Welt zu sehen, zum Beispiel was die Auswirkungen der Außenpolitik unserer Regierung für euch bedeuten und wie euer Befreiungskampf mit unserer Friedensbewegung zusammenhängt.

Juan: Ja, wir sehnen uns danach, die Solidarität unserer Brüder im Ausland zu spüren. Aber es ist auch notwendig, daß im Ausland durch sie bekannt wird, wie die Realität hier wirklich ist. Wir wissen, daß die Medien in unserem Land auf der Seite der Regierung stehen. Sie können berichten, daß es uns hier ganz gut gehe, daß sich die Menschenrechtssituation verbessert habe, während das Gegenteil der Fall ist.

Marta: Ich kann das nur bestätigen. Unsere Situation ist wirklich sehr ernst. Tatsächlich wird in diesem Land jeder, der hungert, der obdachlos ist, zu einem Subversiven, zu einem Gegner des Regimes erklärt.

Wir haben vor kurzem im Krankenhaus von Rosales Leute gesehen, die vermutlich von der Armee mißhandelt worden sind. Sie lagen dort in ihren Betten und konnten sich nicht bewegen, wurden jedoch ständig von Soldaten überwacht. Angeblich soll man Propagandamaterial bei ihnen gefunden haben. Das war ihr Verbrechen. Dort im Krankenhaus waren sie vollkommen isoliert und hatten keine Möglichkeit, Kontakt zu ihren Familien zu bekommen. Wahrscheinlich wissen ihre Angehörigen gar nicht, wo sie sind. Und wir wissen nicht, was aus ihnen wird, wenn sie aus dem Krankenhaus entlassen werden. Vielleicht kommen sie in ein Gefängnis. Vielleicht läßt man sie verschwinden. Sie geben vor, diese Leute zu schützen; dabei ist es ihre Absicht, sie zu zerstören.

Juan: Auch die Kommandos der sogenannten Zivilverteidigung (defensas civiles), die in jedem Dorf die Bevölkerung angeblich schützen sollen, tun oft genau das Gegenteil. Vor ein paar Tagen ist eine junge Frau aus einem Nachbardorf in Guazapa von mehreren Männern der defensa civil eine ganze Nacht lang vergewaltigt und geschlagen worden. Man konnte ihre Schreie im ganzen Dorf hören, und einige Bewohner haben mit eigenen Augen gesehen, was sie dort mit ihr machten. Um halb fünf haben die Soldaten sie mitgenommen – niemand weiß wohin –, und man hat einige Schüsse gehört. Niemand hat den Mut gehabt, etwas zu sagen.

Das ist das Leben, das wir hier in El Salvador führen. Sie können unsere Eltern, unsere Geschwister töten. Aber wem sollen wir das erzählen? Sie können unsere

Schwestern, unsere Frauen, unsere Mütter vergewaltigen, und wir sind gezwungen zu schweigen, denn wenn wir etwas sagen, kostet es auch uns das Leben.

So sieht es aus mit der nationalen Sicherheit in diesem Land.

In Chalatenango zum Beispiel rekrutierten die Regierungstruppen Kriminelle und Diebe als Soldaten. Sie sollen jetzt im Namen der Regierung für die Sicherheit in diesem Land sorgen.

Ein weiteres Beispiel: Hier in der Nähe von Guazapa gibt es ein Dorf, in dem vor zwei Jahren ein Angehöriger der Nationalgarde jeden Tag in ziviler (Ver-)Kleidung einen Menschen umbrachte. Er sagte, daß er sich an Tagen, an denen er niemanden ermorden könnte, krank fühlen würde, es würde ihm richtig etwas fehlen. Er tötete in aller Öffentlichkeit, zu jeder Tageszeit; und niemand traute sich, etwas zu sagen. Es gab keine Autorität, die ihn daran hindern konnte, denn er selbst war die Autorität.

Es gibt so viel zu berichten. Wir könnten die ganze Nacht erzählen. Meinen Bruder zum Beispiel haben sie aus einem Bus herausgeholt, ihn mit dem Gesicht auf die Erde geworfen, sich auf ihn gesetzt – sie haben noch nicht einmal seine Ausweispapiere verlangt, sie haben ihn mitgenommen und gleich umgebracht. Und dann verkünden sie stolz, sie hätten einen Guerillero umgebracht; dabei hatten sie vielleicht einfach nur Lust zu töten.

Das ist die momentane Situation in diesem Land, und wir haben keine Möglichkeit, jemandem davon zu erzählen, es sei denn, es kommt jemand wie du aus einem anderen Land und er hat das Vertrauen, uns zu fragen, und wir haben das Vertrauen, ihm alles zu erzählen. So leben wir Salvadorianer.*

---

*Meine Zweifel und Diskussionen mit meinen deutschen Freunden, ob es politisch sinnvoll sei, nach El Salvador zu reisen, um Menschen in der Situation ihres Überlebenskampfes zu besuchen, sind in dieses Gespräch mit eingeflossen. Sie waren notwendig. Und sie haben hier eine Antwort gefunden. Schließlich: Ist es Zufall, daß Jesus das Eintreten für die geringsten seiner Brüder auch an der Frage des Besuchens und Nicht-Besuchens veranschaulicht (Matthäus 25,36)?

Kreuzwegprozession in einem salvadorianischen Dorf (Karfreitag 1983).

Karfreitagsgottesdienst in einem Flüchtlingslager (1983).

Salvadorianische Flüchtlinge sammeln sich zur Kreuzweg-Prozession in einem inzwischen vom Militär geräumten Lager bei La Virtud/Honduras (1981).

Gedenkfeier an den 3. Todestag Romeros in der Nacht vom 23. zum 24. März 1983.

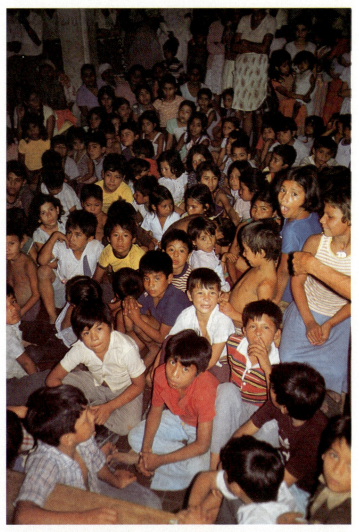
Flüchtlinge feiern den 3. Todestag Romeros mit einer »Nachtwache« (23./24.3.1983).

Romero-Gedenkgottesdienst der Gemeinden von Las Pavas, Mirandilla und El Zapote in einer Schlucht des Guazapa-Vulkans (22.3.1985).

Kreuzweggottesdienst in Platanares/Guazapa (15.3.1985).

3. Die Frauen des Kreuzweges – Mütter und Angehörige der politischen Gefangenen, der Verschwundenen und Ermordeten

Es ist eine »große Menge Volks«, Kinder und Alte, Frauen, Männer, Jugendliche, die sich – eingehüllt in den Staub der Armut – durch die Wege und Straßen ihres Dorfes bewegt und es so in ihre Inszenierung der Passionsgeschichte einschließt. Der Zug bewegt sich von einem jener liebevoll hergerichteten Kreuzwegaltäre zum nächsten; kein Priester leitet oder begleitet diese selbstorganisierte Prozession des Volkes. Die Lesungen zu den einzelnen »Stationen« des Leidensweges Jesu, die nacherzählenden und erklärenden Ansprachen sind von Mitgliedern der Gemeinde vorbereitet worden.

Die Kreuzwegprozession dieses Dorfes ist alles andere als bloßer volkstümlicher, traditionalistischer Ritus. Es sind die Leidenserfahrungen des eigenen Vol-

kes, die hier in den einzelnen konkreten Stationen der Passion Jesu ihren Ausdruck finden. Die erzählten Bilder der vierzehn Stationen sprechen von immer wiederkehrenden Situationen alltäglicher Repression und alltäglichen Sterbens in El Salvador und werden damit zu Symbolen der eigenen Realität.

Viele der nachdenklichen Gesichter sind von eigenem Leiden geprägt, und – so scheint es mir – es ist vor allem der traurige Ausdruck in den Gesichtern so vieler Frauen, der von dem stumm ertragenen Schmerz dieses Volkes spricht.

Ist es Zufall, daß trotz der Notwendigkeit, vorsichtig, im historischen Gewand versteckt zu reden, die in El Salvador erfahrene Unterdrückung gerade da in aller Direktheit zur Sprache gebracht wird, wo von den Frauen die Rede ist, die Jesus auf seinem Weg zum Kreuz begegnen?

– »Wie viele Mütter wie Maria, die um ihre gefangenen, gefolterten, verschwundenen und ermordeten Söhne und Töchter klagen!«

– »Der Leichnam Jesu wird vom Kreuz genommen und in die Arme seiner Mutter gelegt: wie viele entstellte, gefolterte, zerstörte Körper in unserem Land!«

– »Jesus wird begraben: Aber wie viele Mütter wissen nicht einmal, wo man ihre ermordeten Söhne und Töchter verscharrt hat!«

– »Jene Veronika, die der aufgeputschten Menge die Stirn bietet und es wagt, dem Gefangenen den Schweiß von der Stirn zu wischen: ist sie nicht Beispiel der Frauen in unserem Befreiungskampf?«

Nicht nur jene Veronika, dieser ganze Kreuzweg ist zum »Modell der Menschen in unserer Befreiung« geworden, zum Bild, in dem sich die Menschen mit den Erfahrungen der schon so lang andauernden Unterdrückungssituation und des Befreiungskampfes ihres Volkes wiedererkennen.

Jesus hieß der Gefangene,
den sie zum Tode verurteilten,
weil er nicht aufhörte, Gutes zu tun,
und weil er sehr klar, sehr eindeutig zum Volk sprach.
Die Mächtigen aller Zeiten töteten den Unschuldigen.

(1. Station)

Als einem Volksverhetzer
luden sie ihm ein großes Kreuz auf,
weil er Freiheit predigte
und die Einheit unter den Brüdern,
weil er Gerechtigkeit einklagte
zwischen Knechten (Tagelöhnern) und Herren (Eigentümern).

(2. Station)

Auf jenem harten Weg
begegnete er seiner Mutter,
die sich mit unserer Befreiung identifizierte.
Von daher sind Sohn und Mutter
Vorbild für uns. (3. Station)

Nachdem die traditionelle Struktur des Kreuzweges grundlegend verändert worden ist vom passiv ertragenen Leiden in der eindimensionalen Ausweglosigkeit, an deren Ende das Grab und die Vertröstung auf das Jenseits steht, zur Praxis des Mitleidens, Mitkämpfens und Sterbens im Befreiungsprozeß, ist seine »letzte Station« nicht mehr das Grab, sondern Auferstehung, »resurrección«.

Das Grab ist nicht das Ende.
Der Herr ist auferstanden,
um uns sein Leben zu geben
bis dahin, daß er für dich und mich stirbt,
aber Christus bleibt lebendig,
wo immer er will, daß Liebe geschieht.   (letzte Station)

Diese neue Erfahrung hat jene Frauen geprägt, die nach dem Verlust ihrer Kinder und Angehörigen nicht aufgeben, sondern *zusammen* weiterkämpfen. Sie erwarten nichts von denen da oben, den »Reichen ohne Herz«, aber alles von ihrer eigenen Kraft, die in dem Augenblick entstand, als sie anfingen, sich gegenseitig zu helfen, wiederaufzustehen, weiterzukämpfen trotz des Schmerzes.

Ähnlich wie die argentinischen Mütter, die jahrelang auf dem Platz des 5. Mai in Buenos Aires für ihre verschwundenen Kinder und gegen die verantwortlichen Militärs demonstrierten, wurden diese Frauen zur organisierten Herausforderung für die US-gestützte Politik des Todes: Sie klagen das Leben Tausender von Verschwundenen ein, sie helfen den zurückgebliebenen Restfamilien zu überleben, vor allem damit, daß sie ihnen neue Wohnungs- bzw. Versteckmöglichkeiten suchen; denn wenn ein Familienmitglied entführt oder umgebracht worden ist, dann droht den Übriggebliebenen das gleiche Schicksal. *Ein* Komitee war durch diese Arbeit bald überfordert. So entstand ein zweites, daß sich heute nach der ermordeten Vorsitzenden der Menschenrechtskommission, Marianella García Villas nennt, so wie sich das erste den Namen Oscar Arnulfo Romero gab.

Ich hatte Gelegenheit, mit Frauen beider Komitees zu sprechen:

Ich möchte dich, Bernd, im Namen unseres Komitees begrüßen und auch einen brüderlichen, mütterlichen Gruß an dein Volk aussprechen, von dem wir hoffen, daß es sich mit dem Schmerz und dem Leiden unseres Volkes solidarisiert und die Arbeit unseres Komitees unterstützt.

Unser Komitee versteht sich als eine Organisation öffentlicher Anklage. Es besteht zur Zeit aus 150 Müttern, die sich zusammengeschlossen haben, um die ihnen von den Militärs zugefügten Leiden anzuklagen. Ich selbst bin Betroffene. Mein Mann und meine zwei Brüder sind im Gefängnis.

Unser Ziel ist es, den politischen Gefangenen zu helfen, indem wir ihre Freilassung fordern und die Aufklärung des Schicksals politischer Verschwundener verlangen.

Unser Kampf ist hart, aber wir haben die Hoffnung, daß wir eines Tages wieder mit unseren Angehörigen zusammen sein werden. Es gibt allerdings viele Mütter, die diese Hoffnung verloren haben. Ihre Kinder wurden verschleppt, und sie wissen nichts über ihren Verbleib. Sie haben überall, bei den verschiedensten Stellen und Institutionen nach ihnen gefragt, aber man hat sich geweigert, ihnen eine Auskunft zu geben.

Seit wann besteht euer Komitee?

Im Jahr 1977 haben sich einige Mütter, die sich zuvor auf Friedhöfen oder bei ihren vergeblichen Nachforschungen in den Polizeikasernen kennengelernt hatten, zusammengeschlossen. Mit der Unterstützung von Monseñor Romero wurde dann im selben Jahr das Komitee gegründet. Er hatte gesehen, wie unser Volk leidet, und rief einige Mütter dazu auf, sich untereinander zu solidarisieren, ihren Schmerz gemeinsam herauszuschreien; denn er sagte, daß eine Mutter allein nicht gehört werden würde, mit einem Komitee hingegen könnten wir viel mehr erreichen.

Welche Aktionen hat euer Komitee durchgeführt?

In den ersten Jahren nach der Gründung des Komitees haben wir sehr vielfältige Aktionen durchgeführt: Wir haben auf den Straßen demonstriert, haben Besetzungen gemacht, wir haben Hungerstreiks außerhalb der Gefängnisse, beim Roten Kreuz, in Parks und Kirchen organisiert, um die Gefangenen zu unterstützen. Solche Aktionen sind heute nicht mehr möglich, da die Repression sehr verschärft wurde.

Insgesamt gesehen haben wir jedoch einige unserer Ziele erreicht: So wurden 1981 nach unserem Hungerstreik 20 politische Gefangene freigelassen. Außerdem haben wir erreicht, daß sowohl das Essen als auch die Besuchszeiten in den Gefängnissen etwas verbessert wurden. Diese Erfolge haben wir nur dadurch errungen, daß sich diese alten Frauen mit Leib und Seele dafür einsetzten, ihre Kinder wieder in Freiheit zu sehen.

Auf welche Weise werden heute die Angehörigen und die Gefangenen durch das Komitee unterstützt?

Wir sind natürlich auch eine humanitäre Organisation und versuchen, die Mütter und Kinder zu unterstützen. Aber wir können nicht allen Bedürfnissen gerecht werden, da uns die finanziellen Mittel fehlen. Wir sind eine sehr arme Organisation und leben vor allem von spontanen Spenden, zum Beispiel von Lebensmitteln, die wir dann verteilen. Die politischen Gefangenen unterstützen wir, indem wir versuchen, ihnen kleine Geldbeträge und Lebensmittel, meist Milch und Haferflocken, zukommen zu lassen und ihnen Medikamente zu besorgen, die sie dringend brauchen. Die medizinische Versorgung in den Gefängnissen ist völlig ungenügend; es gibt keinen Arzt, der für die Gefangenen zuständig wäre. Erst wenn einer schon Blut erbricht, bringen sie ihn in die Ambulanz eines Krankenhauses, wo ihm dann ein Arzt Medikamente verschreibt, die er selbst jedoch meist weder kaufen noch bezahlen kann. Wir besorgen dann die Medizin und lassen sie den Gefangenen zukommen. Allerdings sind die Kontrollen sehr brutal, und alles wird genauestens durchsucht. Oft bekommen die Gefangenen die Medizin erst nach einer Woche.

Ist es heute noch möglich, Öffentlichkeitsarbeit zu machen?
Unsere Möglichkeiten sind sehr begrenzt. Wir verfassen mit den Müttern offene Briefe, die an verschiedene Institutionen gerichtet sind und in denen wir die Freilassung der politischen Gefangenen fordern. Oder wir helfen den Frauen, Berichte zu verfassen, in denen sie Zeugnis über das Verschwinden ihrer Kinder oder Angehörigen ablegen und über die Vorfälle berichten. Solche offenen Briefe schicken wir dann an den Obersten Gerichtshof und an die Regierung El Salvadors. Die einzige Tageszeitung, die von uns Briefe veröffentlicht, ist »El Mundo«. Der kirchliche Radiosender YSAX sendet Kommuniqués von uns. Das sind die einzigen Möglichkeiten, die wir haben, uns zu äußern.

Sehr wichtig ist für uns auch der Kontakt mit dem Ausland, zum Beispiel durch Leute wie dich oder durch

Journalisten, die hierherkommen. Denn ohne euch wäre unsere Arbeit gar nicht bekannt, und man wüßte vielleicht gar nicht, daß es in unserem Land mehr als 43 000 Ermordete, 700 politische Gefangene und über 5 000 Verschwundene gibt. Angesichts dieser Tatsachen fordert unser Komitee die Freilassung der politischen Gefangenen, die Aufklärung des Schicksals der Verschwundenen. Wir fordern das Einstellen der Repression und die Aufnahme des Dialogs für den Frieden, von dem wir hoffen, daß er bald zustande kommt.

Wir rufen unser Volk und alle Völker der Erde, alle Komitees, Organisationen und Institutionen auf, sich mit dem Schmerz und dem Leiden unseres Volkes zu solidarisieren und unsere Arbeit zu unterstützen! Damit es nicht bei bloßen Zahlen und Parolen bleibt – denn hinter jeder dieser Zahlen steht ein menschliches Schicksal –, bitten wir dich, die Testimonios zweier unserer Mütter aufzunehmen und bei euch zu veröffentlichen.

Getötete Zivilbevölkerung (Januar 1980 - Juli 1984)

	1980	1981	1982	1983	1984	ges.
Januar	510	2293	1362	672	493	5330
Februar	637	1402	1152	350	221	3762
März	697	1704	1513	440	430	4784
April	1182	3048	707	759	204	5900
Mai	2078	712	1267	343	221	4621
Juni	1464	730	1770	396	121	4481
Juli	1062	819	449	414	229	3023
August	1537	652	1524	318		4101
September	1226	756	558	496		3036
Oktober	1383	975	867	606		3831
November	718	1195	852	446		3211
Dezember	700	2090	476	586		3852
gesamt	13194	16376	12617	5826	1919	49932

Quelle: Comisión de Derechos Humanos de El Salvador (CDHES), Socorro Juridico Cristiano »Arzobispo Oscar Arnulfo Romero«, Dokumentationszentrum SALPRESS.

Am 12. Juni 1985 wurden die Büros der unabhängigen Menschenrechtskommission und der Komitees der Mütter in San Salvador von Polizeikommandos überfallen, die Einrichtung zerstört, Archivdokumente und 10000 US-Dollar Spendengelder gestohlen.
Bei den beschlagnahmten Dokumenten handelt es sich um Zeugenaussagen über Menschenrechtsverletzungen, Verhaftungen und Bombardierungen sowie über die direkten und indirekten Verantwortlichen für diese Menschenrechtsverletzungen.

Testimonio I

Genau heute vor zwei Jahren, am 25. März 1981, haben sie meinen Sohn verschleppt. Sie haben ihn mitten in der Nacht abgeholt. Ich habe überall nach ihm gefragt, überall habe ich ihn gesucht und ihn nicht gefunden. Ich weiß nicht, ob er noch lebt oder ob er schon tot ist.

Einige Monate später haben sie dann meine beiden anderen Söhne ermordet. Den einen haben sie brutal mitten in der Nacht aus dem Schlaf geholt und umgebracht. Das war am 16. Oktober 1981. Ich habe ihn zwei Tage später – es war ein Sonntag – tot aufgefunden, wobei ich Gott noch danken kann, daß das Begräbnisinstitut »San José« ihn abgeholt hat, denn das machen sie bei Ermordeten sonst nicht. Meinen anderen Sohn – er war 13 Jahre alt – haben sie auch ermordet. Jetzt fehlen mir meine drei Söhne sehr. Mein Schmerz ist groß. Zwei meiner Söhne waren Maurer, der jüngste arbeitete in einer Basisgemeinde als pastor de iglesia.

Zuerst habe ich um Almosen gebeten, und die Leute haben mir geholfen, aber ich habe keinen Trost gefunden. Dann habe ich erfahren, daß es das Komitee der Mütter gibt, und ich entschloß mich hinzugehen, da ich hoffte, diese Leiden, diesen Schmerz und diese Ängste, die ich spüre, loszuwerden. Und so bin ich hierhergekommen, und die Mütter hier helfen mir. Es ist nicht viel, da sie selbst arm und auf Spenden angewiesen sind, aber es ist schon etwas, und ich kämpfe mit ihnen.

Ich wünsche mir, daß ihr uns helft, unsere Kinder, von denen wir nicht wissen, wo sie sind, zu finden und ihre Fälle aufzuklären. Ich kann nicht mehr sagen als: bitte helft uns.

Wir vom Komitee der Mütter und Angehörigen von politischen Gefangenen, Ermordeten und Verschwundenen richten diese Bitte an Gott und an alle Völker dieser Welt: Helft uns, diese Repression zu stoppen, diese Repression, bei der unsere Kinder aus dem Schlaf heraus ermordet werden, bei der wir als Mütter bedroht werden, wenn wir bei den Behörden nach dem Verbleib unserer Söhne fragen. Mir hat man bei der Policia de Hacienda gesagt, ich solle verschwinden, wenn ich nicht wollte, daß mein Gehirn wie Sonnenstrahlen auf dem Zement verteilt wird ...

Testimonio II

Im Jahre 1979 wurde der erste meiner Brüder verschleppt. Als ich zur Guardia Nacional ging, um nach seinem Verbleib zu fragen, wurde ich festgenommen, vergewaltigt und gefoltert. (Sie zeigt mehrere Narben und Wunden an ihrem Körper und die Lücken ihrer ausgeschlagenen Zähne.) Dann haben sie gedacht, ich sei tot, und haben mich außerhalb von Apopa in den Bergen liegengelassen. Ich habe überlebt, weil mich ein Mann dort fand und ins Krankenhaus brachte. Dort blieb ich drei Monate und 27 Tage. Während dieser Zeit wurde ein weiterer Bruder von mir gefangengenommen. Man hat ihn dann tot auf der Straße in Puerto de Libertad mit gefesselten Armen und Schußwunden im Rücken aufgefunden.

Am 2. März 1981 haben sie dann meine Tochter, die Verkäuferin war, mitten im Zentrum der Hauptstadt, in der Nähe des Parks »Hulahula«, verschleppt. Ich konnte erfahren, daß sie von uniformierten Beamten der Policia Nacional mitgenommen worden ist. Den ganzen März und April habe ich überall nach ihr gefragt und sie überall gesucht. Ich bin zu Orten gegangen, da lagen 17 oder 20 Leichen, alles junge Männer und Frauen, die ermordet worden waren. Aber meine Tochter konnte ich nicht finden.

Eines Tages, am 17. Mai, bekam ich einen Hinweis. Ein junger Mann hatte gesehen, wie meine Tochter zusammen mit anderen bei der Policia Nacional mit einem »Pick up« (Pritschenwagen) ohne Kennzeichen fortgefahren wurde, um verlegt zu werden. Am 18. Mai ging ich zur Policia Nacional, um nach ihr zu fragen. Ich war um neun Uhr morgens dort, und es warteten schon sehr viele Mütter dort, die auch die Freilassung ihrer Familienangehörigen forderten. Um drei Uhr nachmittags wurde ich endlich reingelassen. Dann schickte man mich von einem Büro zum anderen, aber niemand wollte mir etwas sagen. Ich zeigte überall ein Foto meiner Tochter, aber sie gaben mir keine Auskunft. Als ich wieder zum Ausgang ging, sagte jemand: »Gehen Sie zu dem Oberst, der da gerade steht, und sprechen sie ihn an.« Ich ging hin, grüßte ihn, aber er antwortete mir nicht, sondern fragte mich, was ich wolle. Ich sagte: »Ich will, daß Sie meine Tochter freilassen oder mir wenigstens Auskunft darüber geben, wohin man sie verlegt hat.« Er sagte, ich solle die Zeugen vorführen, die gesehen hätten, daß sie weggebracht worden sei; und dann beschimpfte und bedrohte er mich und sagte, ich solle aufhören, nach ihr zu suchen, sonst würden sie mich umbringen. Ich ging. Auf der Straße merkte ich, daß mich ein rotes Auto ohne Kennzeichen verfolgte. Das konnte nur die Polizei sein, denn kein anderes Fahrzeug kann mitten in der Stadt ohne Kennzeichen fahren. Dazu muß ich noch sagen, daß ich meine sieben Kinder dabei hatte. Ich ging also auf der Straße in der Nähe des Parque Morazán; meine Kinder spielten gerade etwas abseits im Sand, da trafen mich sechs Schüsse, die vom Fahrzeug aus abgegeben worden waren. Ich glaube, das geschah auf Befehl von jenem Oberst. Ich wurde fast tödlich verletzt. Meine Kinder schrien um Hilfe, und die Leute um mich herum, die sahen, daß ich noch lebte, hielten ein Taxi an. Der Fahrer brachte mich ins Krankenhaus und fuhr auch meine Kinder später nach Hause. Ich habe überlebt. Allerdings wurden einige meiner Organe durch die Schüsse zerstört und mußten durch künstliche ersetzt werden. (Sie zeigt die Schußwunden und Operationsnarben.) Das sind die Antworten, die die Militärs geben, wenn wir nach unseren verschwundenen Kindern und Angehörigen fragen.

Meine Tochter war bei ihrer Verhaftung im sechsten Monat schwanger. Sie ist jetzt schon zwei Jahre fort, und ich habe sie bis heute nicht gefunden. Sie war damals 25, und ich weiß nicht, was aus ihr und ihrem Kind geworden ist.

Ich leide sehr, wenn ich mir vorstelle, wie meine Tochter gelitten hat, wie sie gefoltert wurde. Ich bin selber gefoltert worden; ich kann mir vorstellen, was sie durchgemacht hat. (Sie weint und zeigt auf ein paar Kinder.) Das sind die Kinder meiner Tochter. Sie fragen mich, wo ihre Mutter ist, und ich sage ihnen, sie sei in den Vereinigten Staaten, da ich nicht den Mut habe, ihnen die Wahrheit zu sagen.

Der Vater dieser Familie aus Consolación/Guazapa wurde vor den Augen der Kinder im Februar 1985 von Soldaten ermordet.

Mir bleiben drei Dinge nachzutragen:
- Diese Frauen sind durch ihren Schmerz und die Solidarisierung mit dem Schmerz der anderen zu Kämpfenden geworden: Sie haben den Hungerstreiks der politischen Gefangenen öffentliche Resonanz und Teilerfolge verschafft; sie haben 1983 zum ersten öffentlichen Romero-Gedenkgottesdienst in der Kathedrale eingeladen; und sie haben es am 24. März 1984 gewagt, jenes verbotene und in die Katakomben verdrängte Romero-Lied auf einer öffentlichen Straßendemonstration zu singen: »Den Propheten können sie töten, aber seine Stimme der Gerechtigkeit nicht.«
- Von ihnen können wir lernen: Mit-leidend (compassivos) und mit-kämpfend (combatientes) zu sein schließt sich nicht aus – es bedingt sich gegenseitig.
- Wie werden wir der Bitte dieser Frauen gerecht, uns mit dem Schmerz und dem Leiden ihres Volkes zu solidarisieren und so dieses Volk auf seinem Kreuzweg und in seinem Kampf nicht allein zu lassen? »Herr, lehre uns alle, die wir nicht durch diese Untröstbarkeit gegangen sind, den leidenden Müttern zu helfen.« Dieses Gebet aus dem »Kreuzweg des guatemaltekischen Volkes« ist auch für uns gesprochen.

»Nieder mit den Massakern, Verhaftungen, Razzien und militärischen Besetzungen« – Wandmalereien des »Revolutionären Volksblocks« in San Salvador (1980).

Schwerbewaffnetes Militär geht gegen die demonstrierenden Mütter vor (März 1983).

Demonstrierende Mütter vor dem Tor des Frauengefängnisses Ilopango (März 1985).

Die Komitees der Mütter der Verschwundenen und politischen Gefangenen demonstrieren vor dem Frauengefängnis Ilopango für die Herausgabe dreier durch Schüsse während eines militärischen Überfalls verletzter Frauen (März 1985).

Gedenkposter der unabhängigen Menschenrechtskommission für Magdalena und Ramon, entführt und ermordet 1980.

4. »... er hatte keine Gestalt noch Schöne«

Schildern könnte ich nur das Elend der Menschen dort in dem einen Lager, in den Kellern der Kirche von San Roque, da war die Luft so schlecht, Gestank, ja – ich hab das so oft, schon so oft hier erlebt. Und dann: Junge Frauen mit Kindern, die wollten von mir fotografiert werden, ich hab ihnen später auch die Bilder geschickt, weißt du, für ihre Männer in den Bergen, o Gott, und die Gesichter: kranke Haut, fahl, das ist das Lager, wo die Leute seit Jahren nicht an die frische Luft kommen, seit Jahren, und dann alle zwei Stunden dieses widerliche Desinfektionsmittel, das fließt da so einfach über den Boden, das gießt da einer hin.

Die Menschen dort können nicht die Lager verlassen, das ist lebensgefährlich; einen haben sie an der Bushaltestelle erschossen; in den anderen Lagern sind sie an der Luft, da haben sie Baracken; aber hier, da ist kein Hinterhof, gar nichts.

Ja und jetzt, was mach ich damit? Jetzt, hier? Wie kann man über so was schreiben?

Der Priester damals, der die Karfreitagsmesse gehalten hatte, als wir zu dem zweiten Flüchtlingslager gefahren sind, der erzählt mir das: Diese Menschen da, dieses Volk, keine Gestalt noch Schöne, verstehst du, ist das nicht der Gottesknecht, weißt du, Jesaja 53. Er sagte:

»Dieses Volk hat begriffen, wie sehr es Jesus verwandt, ihm ähnlich ist. Denn ist es nicht wie er der leidende Knecht Gottes?

Ohne irgendeine Metaphorik oder Allegorie zu gebrauchen, alle ihre Zeugnisse und Berichte, die uns diese Menschen gegeben haben, zeigen doch, daß wir sagen müssen: Das salvadorianische Volk trägt wie der Gottesknecht die Sünde der Gesellschaft; wie der Knecht fällt es unter dem Gewicht so großer Sünde; wie der Knecht stirbt es mit einem durch die Folter entstellten Gesicht; wie der Knecht stirbt es oft in der Anonymität, stumm – ohne ein Wort auszustoßen, ohne daß andere zu seiner Verteidigung aufstehen.

Wie den Knecht hält man es für von Gott verflucht, sieht man es als kriminell und subversiv an; wie der Knecht wird es mit den Übeltätern verscharrt, auf die Straße geworfen oder auf die geheimen Friedhöfe.

Und wie der Gottesknecht – und das ist die schwierige Gewißheit des Glaubens – bringt es die Rettung und wird selbst erhöht werden. Und das ist die große Neuigkeit des Glaubens so vieler armer Salvadorianer. Die Auferstehung Jesu hat sie ihm ähnlich gemacht, weil er unschuldig gekreuzigt stirbt, um die Armen zu retten.

Seinen Tod so zu begreifen hat sie verändert; hat Hoffnung geweckt, Umkehr und Mut; hat einen gewaltigen Strom von Großzügigkeit entfesselt, von Solidarität und christlichem Mut, in der Hingabe und im Vergeben, im Kampf für Gerechtigkeit und in der Suche nach Versöhnung. Die große Neuigkeit der Auferstehung Christi hat dies alles entfesselt, und sie haben das begriffen von ihren eigenen neuen Erfahrungen her. Die Auferstehung ist möglich, das Leben ist möglich. Dafür kann man das Leben geben, und solcher Tod ist nicht mehr wie die früheren Tode. Das Licht des sabado santo (Karsamstag) ist das Symbol, das ihnen mehr als jedes andere sagt: Ihr seid durch das Sterben in der Dunkelheit hindurchgegangen, um im Licht zu leben, obwohl ihr dafür ebenso großzügig euer Leben geben müßt!

Diese semana santa des salvadorianischen Volkes ist für die Kirche eine bleibende Lektion, dauernde Infragestellung. Denn die letzte historische Substanz der semana santa kommt von den Armen. Sie sind es, die am eigenen Leibe das erfüllen, was am Leiden Christi fehlt; in ihnen wächst der Geist, der sich nach der Erneuerung der Schöpfung sehnt. Sie zeigen der Kirche ihren natürlichen Ort am Fuße des Kreuzes und ihre grundlegende Mission: das Leben für die Gekreuzigten zu geben. Ein guter Teil der Kirche hat diesen Ort gewählt und diese Mission verwirklicht und kann deshalb auch die semana santa feiern. Die unzähligen salvadorianischen Märtyrer, sind der Beweis dafür. Aber die Kirche darf diese Solidarität mit dem Gekreuzigten nicht für eine Sache der Vergangenheit oder etwas Zweitrangiges halten. Was auch immer die innerkirchlichen Besorgnisse sein mögen, es gibt keinen Zweifel, daß die Flüchtlinge innerhalb und außerhalb des Landes, die Waisen und Witwen, die Gefolterten und Verschwundenen, die Massakrierten und Ermordeten die Kirche an ihren wahren Ort setzen und sie auf ihre dringendste Mission hinweisen: mithelfen, daß dieses Volk dahin kommt, seinen sabado santo zu feiern.«

Zerstörte Kirche von Cinquera/Guazapa (1983).

5. »... wenn wir mit ihm sterben, leben wir mit ihm«

Das Licht der Kerzen, die jeder der Teilnehmer an der Karsamstagsmesse in der bis auf den letzten Platz gefüllten Kirche von San ... entzündet, scheint die Todeswirklichkeit dieser Gemeinde mit ihrer nicht enden wollenden Liste von Märtyrern der Gegenwart zu durchbrechen. Und nicht nur hier: Hunderte von Kerzen werden in dieser Nacht von jenen entzündet, die heute in El Salvador »in Finsternis und im Schatten des Todes sitzen« (Lukas 1,79), in den Kirchen der Armen, in den Flüchtlingslagern. Dort, wo die Erfahrung einer stückweisen Überwindung der aktuellen Todeswirklichkeit gemacht wird, wo das Modell einer befreiten Gesellschaft, wenn auch unter schwierigsten Bedingungen, zu leben versucht wird – in den vom Volk kontrollierten Gebieten –, können diese Kerzen wegen der immer häufigeren Bombenangriffe des Feindes nicht brennen.

Diese Vorwegnahme der Osterrealität, »Ausbruch aus der Dunkelheit des Sterbens, um im Licht zu leben«, zeigt sich bei den Gemeinden der Armen Zentralamerikas auch darin, daß der Kreuzweg des Volkes nicht mit dem Grab, sondern der Auferstehung endet. Und umgekehrt: Die Osterfeier in der gleichen Gemeinde nimmt musikalisch und inhaltlich den Karsamstag und Karfreitag auf: Auferstehung in Zentralamerika bedeutet: das Leben für die anderen zu geben.

Er ist auferstanden, halleluja ...	Resucitó, aleluya ...
Wenn wir mit ihm sterben,	Si con él morimos,
leben wir mit ihm,	con él vivimos,
singen wir mit ihm, halleluja.	con él cantamos, aleluya.

Das dunkle Moll dieses Osterliedes ist musikalischer Ausdruck und Zusammenfassung von Inhalt und Ziel der semana santa dieser Menschen: Todeserfahrung *und* Todesüberwindung.

Als heimliche Mitte jenes Osterfestes empfinde ich – genauso wie am Karsamstag – wiederum den Teil, in dem die Namen der Märtyrer der Gemeinde genannt werden, deren Tod in diese Woche fällt.

Die Lesungen des Ostersonntags sprechen durch den realen Kontext von Todeserfahrung und Todesüberwindung, wie ihn diese Menschen seit Jahren am Schicksal ihrer Familienangehörigen, ihrer Genossen und Brüder erleben. Ich bin einfach dankbar, hier nicht Fremder zu bleiben, sondern einbezogen zu werden: durch den kleinen Jungen neben mir, der mir das Mitsingen ermöglicht, indem er mir spontan die jeweiligen Lieder in seinem »canta hermano«, dem Liederbuch der Basisgemeinden El Salvadors, aufschlägt; dadurch, daß ich während des Friedensgrußes eingeschlossen werde in die schöne Geste geschwisterlicher Umarmung, und auch dadurch, daß ich am Ende des Gottesdienstes gebeten werde, zu dieser Gemeinde zu sprechen. Sie dankt es mir mit einem mich tief beschämenden Applaus.

Mir bleiben viele Fragen. Sie führen zu einem Gespräch mit dem Priester der Gemeinde. Wir sitzen im Innenhof der Kirche, vor uns die Wand mit den Namen der Märtyrer der Gemeinde:

In der gestrigen Karsamstags- und der heutigen Ostermesse, die wir in dieser Kirche zusammen gefeiert haben, schien es mir jedesmal ein Augenblick von großer Bedeutung und Anteilnahme zu sein, als die Namen der Märtyrer genannt wurden – Namen von Märtyrern aus dieser Gemeinde, der Menschen, die hier in diesem Viertel gelebt haben und ermordet wurden. Worin liegt der Sinn dieses Gedenkens?

Ja, hier muß ich vielleicht zwei Dinge näher erklären: Zum einen gedenken wir Woche für Woche unserer ermordeten Brüder und Schwestern, die als Opfer der Repression in diesem revolutionären Kampf des salvadorianischen Volkes umgekommen sind – sei es wegen ihres kirchlichen Engagements, sei es wegen ihrer politischen Tätigkeit oder ihrer aktiven Gewerkschaftsarbeit, zu der sie sich in ihrem Selbstverständnis als Christen verpflichtet fühlten. Zum andern ist die Messe der zentrale Ort, an dem die christliche Gemeinde das Ideal der Apostelgeschichte umsetzt. Hier wird gemeinsam gebetet und gelebt; es findet ein Gedankenaustausch über das Evangelium statt, und das Brot wird geteilt. Und jede Woche gedenken wir der Toten; manchmal begehen wir den ersten oder zweiten Todestag eines Ermordeten, manchmal ist erst kurz zuvor jemand umgebracht worden. Während des ganzen Jahres gibt es kaum einen Tag, an dem wir nicht eines Toten zu gedenken haben, eines Bruders, einer Schwester, einer ganzen Gruppe. Das eine Mal sind es vielleicht nur zwei, ein anderes Mal zwanzig oder eine ganze Familie. Dies erfüllt mich einerseits mit Trauer, andererseits aber auch mit der Hoffnung auf die Leidensfähigkeit der Christen. Woche für Woche werden die Todestage zusammengestellt, und jeden Sonntag wird dann all dieser Toten gedacht.

Die Erinnerung an die Märtyrer unserer Gemeinden während der Sonntagsmesse hat verschiedene Hintergründe: Zum einen ist da die menschliche Seite, die Zuneigung zu den Brüdern und Schwestern, die man gekannt und mit denen man so vieles geteilt hat und die auf so großzügige Weise ihr Leben hingegeben haben für ihre Ideale, die auch die unseren sind. Diese Zuneigung, diese Freundschaft, diese Erinnerung werden in dem Moment zum Ausdruck gebracht, in dem man das Leben miteinander teilt. Deshalb stellt es für uns eine Notwendigkeit dar, uns die Toten zu vergegenwärtigen, uns bewußtzumachen, daß sie mitten unter uns sind.

Zum andern ist da der mystische Aspekt, die Erinnerung an unsere Brüder und Schwestern, die uns vorangegangen sind und denen das Leben ihres Volkes wichtiger war als das eigene Leben. Und sie haben alles geopfert für das Evangelium, für das Gebot, ihr »Leben hinzugeben für ihre Freunde« (1 Johannes 16).

Diese Erinnerung hilft uns weiterzumachen, uns weiter zu engagieren. Sie sind uns vorangegangen mit ihrem Glauben und ihrem Leben, und sie sind ein Zeugnis für uns.

Schließlich liegt in dieser Erinnerung an die Märtyrer noch eine christliche Dimension: Sie läßt unsere Märtyrer unter uns sein und das Blut unserer Brüder und Schwestern zum Samenkorn für unsere religiöse Arbeit werden. In dem zentralen Augenblick, in dem wir das Abendmahl feiern und die Erinnerung an das Blut Christi lebendig werden lassen, wissen wir, daß mit diesem erlösenden Blut Christi auch das erlösende Blut unserer Brüder und Schwestern vergossen wird. Wir als Christen brauchen das Bewußtsein, mit der Darbringung des Blutes Christi auch das Blut unserer Brüder und Schwestern darzubringen. Getaufter Christ zu sein beinhaltet auch einen Aufruf, eine Berufung zum Martyrium, wenn es notwendig ist.

In den Gottesdiensten dieser semana santa, wie ich sie in Flüchtlingslagern, Stadt- und Dorfgemeinden miterlebt habe, kommt eine für mich bisher unbekannte tiefe Volksreligiosität zum Ausdruck. Gleichzeitig stellen sie eine Möglichkeit dar, über einzelne ihrer liturgisch-religiösen Elemente zu reflektieren und eine theologische Interpretation der gegenwärtigen Situation zu geben.

Ja, zweifellos überlagern sich innerhalb der Kirche verschiedene Ebenen: Die eine ist die Nähe zum Evangelium, eine andere ist die – wie wir es nennen – Volksreligiosität, in der sich kulturelle Elemente mit sowohl christlichen als auch althergebrachten, auf die Zeit vor der Kolonisation zurückgehenden Traditionen vermischen. Diese Elemente überlagern sich bei der großen Masse der Bevölkerung, die noch nicht von der Evangelisierung erreicht worden ist. Dies hat, menschlich und religiös gesehen, durchaus seine positiven Seiten, aber es sind auch genau die Bereiche, in denen die Evangelisierung ansetzen muß. Diese Menschen, die in sich die Tradition eines ganzen Volkes bewahren, muß man achten, denn jede Tradition und Kultur eines Volkes besitzt wertvolle Aspekte. Im Hinblick auf die Evangelisierung bedeutet das, daß wir die traditionellen Werte nicht ablehnen dürfen. Das Phänomen der Religiosität muß zuerst als Bestandteil des Menschen verstanden und akzeptiert werden, denn der Mensch ist immer wertvoll. Wir müssen die Funktion der Volksreligiosität, ein ganzes Volk zu vereinigen, erkennen, denn nur auf diese Weise ist das Volk auch bereit, die Evangelisierung anzunehmen.

Wir sind dabei, diese Art der Volksreligiosität schätzen zu lernen und – soweit wir es können – uns ihr zu nähern, um dieses Volk evangelisieren zu können. Mit der Evangelisierungsarbeit rufen wir die Menschen in die christliche Gemeinde. Wir erklären ihnen die wahre Bedeutung der Ideale des Evangeliums, und dann, in einem zweiten Schritt, d.h. wenn diese Menschen das Evangelium in seiner Intention begriffen haben, fangen sie an, mit der Lebenseinstellung einer bewußteren und radikaleren Kirche zu sympathisieren. Wir vermitteln ihnen eine Katechese, mit der ihnen gezeigt wird, daß es die Pflicht eines jeden Christen ist, die irdische Welt nach dem Plan Gottes zu gestalten und bereits hier sein Reich aufzubauen, diesen neuen Himmel, die neue Erde, von denen die Apokalypse spricht.

Von diesem zweiten Schritt aus gelangt man dann zur Integration dieser Christen in die Gemeinde, wobei die

Liturgie vollkommen ihren Sinn ändert. Einige ihrer grundlegenden Ausdrucksformen bleiben zwar erhalten, doch sie besitzen keinerlei mythische Bedeutung mehr, d.h. eine Bedeutung, die eher in Richtung Aberglauben geht. Auf dieser Ebene wird die Liturgie zum Ausdruck des wahren Glaubens, der Hoffnung und des christlichen Engagements, und gleichzeitig verleiht sie den Gemeinden und ihren Mitgliedern Stärke für dieses Engagement.

Dies sind also in etwa die verschiedenen Ebenen der Religiosität. In der Liturgie kommt jede dieser drei Ebenen mit all ihren spezifischen Eigenheiten zum Tragen.

Kannst du das am Beispiel der gestrigen Karsamstagsliturgie erklären?

Wir feiern den Karsamstag mit der ganzen Gemeinde. Dabei fließen im Gottesdienst drei verschiedene Ausdrucksformen bzw. Riten zusammen, die alle einen gemeinsamen Sinn enthalten: das christliche Engagement.

Der erste Teil, der erste Ritus, wird getragen durch das Symbol des Feuers, des Lichts; ihm liegt zugrunde, daß Christus, das Licht der Welt, auferstanden ist, ein Licht, das er auch in uns entfachen muß; und wir unsererseits müssen darauf hinwirken, daß dieses Licht in allen Menschen und allen Bereichen unserer Gesellschaft brennt.

Der zweite Teil ist dem Wort Gottes gewidmet. Christus ist auferstanden und weilt mitten unter uns in Gestalt seines Wortes; dieses Wort ist die Geschichte von Völkern, die Geschichte von Geschehnissen, in denen die grundlegende Kraft Gottes bzw. Christi zum Ausdruck kommt.

Danach, als Antwort auf dieses Wort Gottes, folgt der dritte Teil bzw. Ritus, nämlich die Erneuerung des Taufgelübdes. Bei diesem Ritus wird zunächst jener Männer und Frauen, jener Märtyrer gedacht, die ihr Taufgelübde und ihre christliche Verpflichtung wirklich gelebt haben. Auf diese Weise erfahren wir, daß ein solches Engagement durchaus mit dem Evangelium vereinbar ist. Danach wird die Taufe erneuert als Verzicht alles, was diesem Volk Schmerzen und Leid zufügt, a. Glaubensversprechen, das durch das Symbol des Wassers verkörpert wird. Mit diesem Teil geht die Feier des Heiligen Abendmahls zu Ende, in der sich die große Synthese vollzieht: Christus ist auferstanden, er ist in der Gemeinde gegenwärtig, und sie nimmt ihn auf. Mit ihrem Taufgelübde verschmilzt sie mit ihm zu einem einzigen Körper, gemäß dem Bild des heiligen Paulus: Christus ist der Kopf, und wir alle zusammen bilden mit ihm einen einzigen Körper, um so eine gemeinsame Aufgabe zu erfüllen.

Und die politische Ebene dieser Liturgie?
Man sollte sich vergegenwärtigen, daß jede menschliche Handlung und noch viel mehr jede christliche Handlung, in der sich das menschliche Wesen in den Dienst am Aufbau des Reiches Gottes auf Erden stellt, eine weitreichende gesellschaftliche und auch politische Wirkung hat: auf gesellschaftlicher Ebene, indem sie bewirkt, daß sich der Mensch einer Gemeinschaft zugehörig fühlt und damit sowohl praktisch als auch theoretisch den Individualismus eines Systems ablehnt – in diesem Falle den des kapitalistischen Systems –, das uns lediglich gelehrt hat, in der Vereinzelung zu leben, und in dem jeder versucht, alleine zurechtzukommen, in einem sozialen Kampf, der darauf beruht, zu beweisen, wer der Stärkste ist; allein darin liegt die Freiheit einer solchen Gesellschaft, nämlich im freien Wettbewerb, einem Wettbewerb zwischen Individuen, wobei derjenige am meisten bekommt, der sich in diesem

Konkurrenzkampf am erfolgreichsten durchsetzen kann. Das ist das Gesetz dieser Gesellschaft.

Ein Leben in einer Gemeinschaft, d.h. eine christliche Lebensweise, bricht vollkommen mit diesen Strukturen, denn der Individualismus, der freie Wettbewerb werden abgelehnt, weil sie den Menschen und die Gesellschaft zerstören. Die völlig entgegengesetzten Werte eines Lebens in der Gemeinschaft, eines Lebens im Dienste des gemeinsamen Wohls, das über dem Wohl des einzelnen steht, vermitteln eine vollkommen andere Sichtweise von der Gesellschaft und den zwischenmenschlichen Beziehungen. Diese Kraft hat selbstverständlich weitreichende politische Auswirkungen. Zweifellos können diejenigen, die in solchen Vorstellungen verankert sind, die Werte und Verhaltensformen einer individualistischen, kapitalistischen Gesellschaft nicht mehr akzeptieren, und sie suchen nach neuen Mitteln und Wegen, um in Auseinandersetzung mit den herrschenden gesellschaftlichen Bedingungen den Aufbau einer Gesellschaft hier auf Erden nach dem Willen Gottes zu ermöglichen. Vor diesem Hintergrund stellt es sich für den Christen als Notwendigkeit dar, sich politisch und gewerkschaftlich zu engagieren und auch die Waffe in die Hand zu nehmen, wenn er das Leben der Gemeinschaft gegen einen tödlichen, gewaltsamen Angriff verteidigen muß.

6. »Wir sind verpflichtet, der Welt die Wahrheit über das Leiden unseres Volkes zu sagen«

In der Nacht von Ostersonntag auf Montag werden zwei Mitglieder der Gemeinde verschleppt. Die Angehörigen und eine Nonne fragen bei den Behörden nach – sie erhalten keine Auskunft. Sie suchen zwei Tage lang in jenen Schluchten und Müllhalden, in denen die Mordkommandos von Militär und Polizei ihre Opfer abzuladen pflegen – sie finden die beiden nicht.

Am Mittwoch, kurz vor meiner Abreise, kommt es zu einem letzten Gespräch in der Baracke der Menschenrechtskommission:

Steht es nicht in offensichtlichem Widerspruch zur tatsächlichen Situation, wenn der amerikanische Präsident behauptet, daß sich die Menschenrechtslage in El Salvador verbessert habe und sich ständig weiter verbessert?

Solche Erklärungen der Regierung Reagan und auch unserer eigenen Regierung haben einen bestimmten Grund: Der Kongreß der Vereinigten Staaten hat Bedingungen an die Hilfe für die salvadorianische Regierung geknüpft, zum Beispiel Verbesserungen auf dem Gebiet der Menschenrechte. Präsident Reagan muß also Berichte über die Menschenrechtslage in El Salvador vorlegen. In seinen vergangenen Berichten hat er immer eine Abnahme der Menschenrechtsverletzungen festgestellt. Für uns Salvadorianer stellt sich das so dar, als seien wir nur noch Nummern. Denn wenn er von einer »Abnahme« der Menschenrechtsverletzungen spricht, meint er, daß im Monat X zum Beispiel 25 % weniger Menschen ermordet wurden als in einem Vergleichsmonat. Wir Salvadorianer tauchen nur noch als statistisches Beweismaterial auf, um neue Waffenlieferungen zu rechtfertigen. »Im Monat X gab es nur 165 Tote«, das heißt aber doch, daß 165 Menschen grausam ermordet wurden. Es sind Menschen, die sie hier in unserem Land umbringen; es handelt sich nicht bloß um Zahlen! Genau dies möchte unsere Institution der Welt deutlich machen: Diese Toten sind Menschen. Ein oder zwei Tote: das sind ein oder zwei Menschen, deren Leben man zerstörte.

Vor allem dürfen wir nicht vergessen, daß die Menschenrechtsverletzungen nur dann ein wenig »zurückgehen«, wenn die US-Regierung wieder einmal eine Stichprobe machen muß, um eine Verbesserung der Menschenrechtssituation nachzuweisen. In solchen Monaten wird angeordnet, weniger Menschen zu ermorden und die grausam zugerichteten Leichen sofort verschwinden zu lassen. Ebenso wird vor Feierlichkeiten mit Persönlichkeiten aus dem Ausland befohlen, die Anzahl der Morde herabzusetzen und die schlimmsten Spuren zu beseitigen. Trotz dieser periodischen Manipulationen, um das Image des Landes zu verbessern, werden in unserem Land täglich acht bis zehn Leichen von Ermordeten gefunden. Etwa 15 Personen werden täglich verhaftet und entführt, und niemand weiß etwas über ihren weiteren Verbleib. Deshalb können wir uns in keinster Weise den Erklärungen des Präsidenten Reagan und seines Kongresses anschließen. Im Gegenteil: Wir müssen feststellen, daß die Menschenrechtsverletzungen andauern. Mehr noch: Sie werden in den kommenden Monaten vermutlich zunehmen, und zwar aufgrund der steigenden Militär- und Wirtschaftshilfe aus den USA. Diese wird sich in einer größeren Anzahl unschuldig ermordeter Menschen niederschlagen.

Welche Funktion hat die neu eingerichtete 'Menschenrechtskommission' der Regierung? Was tut sie eigentlich angesichts dieser Situation?

Diese sogenannte Menschenrechtskommission entstand als Resultat der politischen Notwendigkeit, den Bedingungen des US-Kongresses für weitere militärische Unterstützung unserer Regierung nachzukommen. Allein in diesem Zusammenhang ist ihre Funktion zu sehen. Dennoch heißen wir jede Organisation willkommen, die wirklich für die Verteidigung der Menschenrechte eintritt. Einige Leute haben uns schon gesagt: »Jetzt können wir auch zu denen gehen.« »Gut«, sagen wir, »vielleicht können sie euch dort eher helfen als wir.« Andererseits haben wir Berichte, daß Ratsuchende dort zunächst einmal einem Verhör unterzogen werden. Das paßt nicht zum Schmerz dieser Menschen; so etwas ruft nur neuen Schmerz hervor und hilft den Leuten überhaupt nicht. Außerdem haben sie schon eine Unmenge von Fällen vorliegen, aber noch keinen einzigen wirklich aufgeklärt. In einem Fall geht es um einen Lehrer. Er war von der Nationalpolizei verhaftet worden. Seine Angehörigen wandten sich an die Menschenrechtskommission der Regierung. Eines der Kommissionsmitglieder fand den Gesuchten nach geraumer Zeit im Gefängnis der Nationalpolizei. Nun muß man wissen, daß der Chef der Nationalpolizei zugleich Mitglied dieser Menschenrechtskommission ist und über den Fall informiert war. Als der Polizeichef gefragt wurde, warum er der Kommission keine Mitteilung gemacht habe, antwortete er einfach: »Ich kann doch nicht alles wissen, was meine Agenten tun. Außerdem habe ich nicht die Kontrolle über alle Aktivitäten meiner Leute.« Wir fragen uns, wie es möglich ist, daß der Polizeichef nicht von diesem Gefangenen gewußt hat, wo er doch auch der Menschenrechtskommission angehört hat und das Gesuch der Angehörigen kannte. Der Lehrer wurde zwar schließlich freigelassen, aber die Nationalpolizei hatte ihn bis zu jenem Zeitpunkt nicht als Gefangenen offiziell aufgeführt. Und die Menschenrechtskommission der Regierung hat niemals bestätigt, ihn im Gefängnis der Nationalpolizei gefunden zu haben, und sie erkannte ihn folglich auch nicht als Gefangenen an. Wir glauben, daß sich der Anspruch dieser Kommission an ihren Taten erweisen muß. Und letztlich entscheidet das Volk, welche Arbeit ihm wirklich hilft und welche nicht.

Ich habe vorgestern in einer Gemeinde mit den Angehörigen von Mauricio Ernesto Acevedo und Maria Paula Acevedo gesprochen. Die beiden wurden um drei Uhr nachts aus ihrem Haus abgeholt. Weißt du etwas über ihr Schicksal?

Die Angehörigen waren heute morgen auch bei uns. Zunächst kann ich bestätigen, daß die Personen zur angegebenen Zeit verhaftet wurden. Außerdem ist ziemlich sicher, daß sie von einem der sogenannten Sicherheitsorgane festgenommen wurden. Es steht allerdings noch nicht genau fest von welchem. Zur Tatzeit waren zu wenig Zeugen anwesend. Die Angehörigen teilten uns heute mit, sie hätten die Leichen der Entführten gefunden. Sie fanden sie gestern morgen um 6.30 Uhr an einer Straße in der Nähe von San Martin, 40 km von dem Ort ihrer Verhaftung entfernt. Die Toten waren schlimm zugerichtet, sie waren auf die grausamste Weise gefoltert worden. Das Mädchen war vergewaltigt und geschlagen worden und hatte ein Loch im Hinterkopf. Der Mann war ebenfalls mit Schüssen in den Kopf ermordet worden und wies Spuren von Folterungen auf. Seine Hoden, dieser empfindlichste Teil unseres Körpers, waren verbrannt worden.

Dieses Schicksal hat schon viele Menschen von ihnen getroffen und trifft in unserem Land immer wieder neue Opfer. Die Nächte in unserem Land sind wirklich »schwarze Nächte« geworden. Jeder lebt in der ständigen Gefahr, nachts abgeholt und ermordet zu werden. Ein Grund dafür ist nicht erforderlich. Unserer

Meinung nach ist auch diese ständige Unsicherheit eine Verletzung der Menschenrechte, und dagegen erheben wir öffentliche Anklage. Aber wir klagen nicht etwas an, weil wir es erfinden, sondern weil uns konkrete Einzelfälle von Folter, Mord und Entführung vorgelegt wurden. Wir tun dies auf der Grundlage der Aussagen von Augenzeugen, die hier abgegeben wurden, bekräftigt mit Unterschrift und einem Eid, daß es die Wahrheit ist.

Mauricio Ernesto Acevedo ist bereits der dritte ermordete Bruder aus einer einzigen Familie. 1979 und 1982 waren seine Brüder umgebracht worden. Und Maria Paula war die Tochter des 1979 ermordeten Bruders. Sollte hier eine ganze Familie ausgelöscht werden?

Es gab hier etwas Außergewöhnliches. Mauricio Ernesto war katechetischer Leiter der katholischen Kirche. Seine Arbeit, vor allem seine Predigten waren ausschlaggebend für die Weiterexistenz der Gemeinde, nachdem ihr bisheriger Seelsorger das Land verlassen mußte. Darum wurde er ermordet. Auch seine beiden Brüder wurden umgebracht, weil sie Gottes Wort verkündigten. Es gibt eine regelrechte Christenverfolgung in unserem Land. Vor einiger Zeit hatte es den Anschein, daß die Repression gegen die kirchlichen Basisgemeinden etwas nachlassen würde. Sie hat aber wieder voll eingesetzt. In diesem Land gelten alle, die eine Bibel haben, als Kommunisten. Es ist gefährlich, als Christ mit einer Bibel angetroffen zu werden; noch gefährlicher ist es, einer Basisgemeinde anzugehören oder Katechet zu sein.

Eure Kommission wird ebenfalls verfolgt. Drei ihrer Mitglieder sind ermordet worden.

Ja, die Menschenrechtskommission ist von der Unterdrückung nicht ausgenommen. Seit dem Beginn unserer Arbeit zum Schutz der Menschenrechte im April 1978 haben wir unter der Verfolgung zu leiden. Wie du sagtest: Zwei compañeras und ein compañero sind zu Märtyrern geworden: Magdalena, Ramon und zuletzt unsere Vorsitzende Marianella García Villas. Drei weitere Mitglieder sind verschwunden, und zwar Carlos Eduardo Vives, der 1981 verhaftet wurde; America Fernanda Perdomo wurde 1982 entführt, und in diesem Jahr traf unseren compañero, den Arzt Robert Rivera Martelli, das gleiche grausame Schicksal. Damit hat die Verfolgung natürlich noch kein Ende. Bei der Beerdigung unserer Vorsitzenden Marianella waren Leute der Nationalpolizei in Zivil anwesend und haben die verbliebenen Mitglieder der Kommission fotografiert. Das deutet auf ein Anwachsen der Repression gegen die Kommission und ihre Mitglieder hin. Doch das wird uns nicht zum Schweigen bringen.

Wir brauchen für unsere Arbeit keine staatliche Legitimation. Das Volk, der Schmerz des leidenden salvadorianischen Volkes ist es, der uns aufrechterhält und uns weiterarbeiten heißt. Wir sind die Stimme derer, die heute keine Stimme haben. Und unsere Daten und Statistiken, all unsere Anklagen sind auf die Leiden dieses Volkes gegründet.

Kannst du etwas über die Hintergründe der Ermordung von Marianella sagen?

Marianella war damals mit einer Spezialaufgabe im Rahmen eines unserer Programme betraut. Neben den Programmen zur Freilassung von Kriegsgefangenen – die FMLN ist unserer Aufforderung dazu übrigens nachgekommen, nicht jedoch die Regierung – und zur Freilassung der politischen Gefangenen haben wir ein Programm für Nachforschungen bei wahrscheinlichen Menschenrechtsverletzungen. Ein Teil davon befaßt sich mit dem Einsatz von chemischen Kampfmitteln in den Konfliktzonen. Hieran arbeitete unsere compañera Marianella. Das Projekt wurde im vergangenen Jahr ins Leben gerufen, nachdem wir Nachrichten über den Einsatz chemischer Kampfstoffe erhalten hatten. Wir brauchten Beweise. Das heißt, wir hatten zwar Zeugenaussagen von Verletzten, aber wir mußten die chemische Zusammensetzung dieser Giftkampfstoffe nachweisen. Und dafür brauchten wir Proben. Deswegen fuhr Marianella etwa Mitte Januar 1983 in das Kampfgebiet am Vulkan Guazapa, um die Angelegenheit zu untersuchen. Als sie genügend Material für eine chemische Untersuchung zusammengebracht hatte, kehrte sie zusammen mit 21 Flüchtlingen, die sie in ein Lager begleiten wollte, aus der fraglichen Gegend zurück. Einige dieser Menschen waren auch Zeugen für den Einsatz von chemischen Waffen bei Luftangriffen, die die Zivilbevölkerung trafen. Trotz des Rechtes auf Leben, das jeder Mensch hat, legte die Armee einen Hinterhalt und brachte alle um. Die Soldaten, zumindest die verantwortlichen Vorgesetzten, wußten sehr genau, wen sie töteten, und sie hatten ihre Gründe.

Die compañera überlebte den Hinterhalt. Ein Hubschrauber brachte sie in die Militärschule von San Salvador, wo sie zwölf Stunden lang verhört, vergewaltigt und schließlich zu Tode gefoltert wurde. Ihren entstellten und geschändeten Leichnam überführte man ins Militärhospital.

Die Version des Militärs, daß Marianella als Guerilla-Führerin in einem Gefecht gefallen sei, ist durch die Untersuchung einer Gruppe internationaler Menschenrechtsexperten widerlegt worden.

Kinder und Frauen vor einem refugio in Platanares/Guazapa (1985).

7. »... und woher habt ihr die Kraft zum Weiterkämpfen?«

Gegenwärtiges Christsein in Zentralamerika wird bewußt gelebt als Solidarität mit den dort heute Gekreuzigten. Viele namenlose Christen haben diese Erfahrung gemacht, machen sie immer wieder und nehmen sie als Herausforderung für sich und ihre Kirche an. Sie haben gelernt, daß der natürliche Platz der Kirche unten, am Fuße des Kreuzes ist, wo Leiden und Kampf des Volkes der Armen geteilt werden.

Diese alltägliche Solidarität hat in besonderer Weise viele Frauen geprägt:

– Mütter, die das Leben ihrer verschleppten, verschwundenen, inhaftierten, gefolterten und ermordeten Kinder öffentlich von den Verantwortlichen einklagen;

– Frauen, die im bewaffneten Widerstand, als Katechetinnen, als Schwestern, als »dem Volk geweihte Frauen« Armut und Sterben, Kampf und Leiden ihres Volkes teilen.

In der Frühe des Karfreitags 1983 – vor einem für sie anstrengenden Arbeitstag – gab mir eine dieser Frauen die Möglichkeit zu einem Gespräch. In Bericht und Reflexion – auch über eigene Angst, lähmende Erschöpfung und Selbstvergewisserung, die aus der Solidarität mit den Toten, Leidenden und Kämpfenden immer wieder neu entsteht – wird hier die subjektive Innenseite politischer Praxis und christlicher Existenz im zentralamerikanischen Leidensalltag zur Herausforderung für den, der zuzuhören versteht.

Du arbeitest seit vielen Jahren in den Randsiedlungen, den Wohngebieten der Armen von San Salvador. Wie haben sich die Bedingungen deiner Arbeit in dieser Zeit verändert?

Als wir dort vor etwa 13 Jahren unsere Arbeit begannen, gab es keine größeren Schwierigkeiten. Nicht, daß wir alle Freiheiten gehabt hätten – aber wir hatten keine besonderen Schwierigkeiten, verglichen mit dem, was wir heute durchzustehen haben.

Mittlerweile hat die Unterdrückung viele Christen gezwungen, ihre Wohnorte zu verlassen. Sie konnten dort nicht mehr leben. Nur weil sie Christen sind, werden sie für subversiv gehalten. Auch ich wohne nicht mehr dort. Es ist zu gefährlich; viele von uns sind bekannt, und ich möchte nicht einfach von der Arbeit weg verhaftet werden. Wir betreuen die Leute unseres ehemaligen Viertels von außen und treffen uns hin und wieder heimlich mit ihnen. Auch die wenigen von unserer Gemeinde, die noch im Viertel wohnen, können nur verdeckt arbeiten. Es gibt keine regelmäßigen Treffen mehr, aber die Leute treffen sich immer noch einmal in der Woche zu Messe und Predigtgespräch.

Sonntags kommen wir also alle zusammen; auch wir, die wir woanders gewissermaßen im Exil leben, kommen zur Messe. Der Sonntag ist unser Festtag. Wir feiern die Eucharistie, die uns Mut gibt zum Weiterarbeiten. Wir sprechen über die Bibel und die aktuelle Lage. Vor dem Besuch des Papstes etwa besprachen wir, was wohl von ihm zu erwarten sei. Jetzt denken wir gemeinsam über seine Worte nach. Wir studieren auch ein wenig die Dokumente der Kirche.

War der Besuch des Papstes eine Hilfe für die Basisgemeinden?

Nein, daß der Papstbesuch hilfreich war, kann man nicht sagen. Unsere Kirche hier hat viele Märtyrer: Monseñor Romero, viele Priester und Katecheten – alle ermordet von der Regierung. Nun, wir erkennen zwar an, daß der Papst das Oberhaupt von uns allen ist, aber es war doch ein Schock für die Gemeinden, ihn an der

Seite eben dieser Regierung zu sehen. Aus diplomatischen Gründen ist das vielleicht kaum anders möglich gewesen; schließlich ist der Papst das Oberhaupt des Vatikans. Wir werden jedenfalls in den Gemeinden noch darüber zu reden haben.

Ich habe ein Plakat der Basisgemeinden zur Ankündigung des Papstbesuchs gesehen. Es zeigte den Papst mit Monseñor Romero; ein sehr menschliches Bild: Romero stand leicht nach vorn gebeugt – ein Symbol für dieses schwer beladene Volk; zugleich hatte er die Haltung eines Vermittlers inne, der dem Papst die Wahrheit über El Salvador sagt. Dieses Plakat ist – wie ich hörte – von den Damen der selbsternannten offiziellen Vorbereitungskommission für den Besuch zerrissen worden. Statt dessen wurde dem Volk ein anderes Plakat aufgezwungen: ein übergroßer Papst vor blauem Himmel, ein unwirklicher Übermensch. Wie wirkte das auf die Gemeinde?

Sehr verletzend. Monseñor Romero ist unser geistlicher Führer, auch jetzt noch. Er ist ein Heiliger, ohne daß der Vatikan ihn erst heilig zu sprechen bräuchte. Er ist es, der uns in dieser Zeit des Märtyriums ermutigt. Deshalb hat uns die Sache mit dem Plakat tief verletzt. Übrigens ist das Plakat nicht seitens unseres Erzbischofsamtes, sondern seitens der päpstlichen Nuntiatur abgelehnt worden.

Der Besuch des Papstes erinnert uns daran, daß er das Oberhaupt der Kirche in der ganzen Welt ist. Aber wir kennen ihn doch höchstens aus seinen Schriften, sonst überhaupt nicht. Wie sollten wir ihn da lieben? Aber Monseñor Romero gehört zu uns. Ihn lieben wir. Wenn *er* Gemeinschaft mit dem Papst hat, dann können auch wir sie haben.

Bei seiner Zusammenkunft mit einigen ausgewählten Priestern und Ordensleuten hat der Papst geäußert, daß Geistliche nicht politischen Ideologien folgen oder überhaupt poli-

tisch arbeiten sollen. Das ist doch eine deutliche Kritik an der engagierten Arbeit eines Teils der Kirche in El Salvador.

Eine problematische Aussage! Der Papst hat nicht eindeutig gesprochen, und darum können seine Worte in diesem Sinne verstanden werden. Er sprach aber auch davon, daß Christen ihr Leben zu geben und ihre Mission *hier und heute* zu erfüllen hätten. Wenn man mal berücksichtigt, was das Hier und Heute für unser Volk ist, erklärt sich sofort, warum immerzu von Priestern gesprochen wird, die sich in die Politik einmischen. Und übrigens: Man meint noch immer die Priester auf der Seite der Armen. Ist es denn nicht genauso Einmischung in die Politik, wenn sich hohe Repräsentanten der Kirche in Projekte der Regierung einspannen lassen – wie die neu eingerichteten staatsoffiziellen Friedens- und Menschenrechtskommissionen? Oder jene Bischöfe, die Führungsposten in der Armee haben, mit dem Militär und den Repressionsorganen zusammenarbeiten, neu gelieferte amerikanische Militärhubschrauber vor ihrem Einsatz segnen?

Das ist es eben: Wenn ein Priester auf seiten der Armen steht, wird ihm Einmischung in die Politik vorgeworfen. Wenn ein Bischof aber für diese Regierung oder das Militär arbeitet, findet man nichts dabei.

Wie also hätte sich angesichts dieser Situation der Papst verhalten sollen?

Das ist nicht ganz leicht zu sagen. Nun, als Papst hätte er bei seinem Besuch doch eigentlich nichts mit der Regierung zu schaffen haben sollen, nicht wahr? Außerdem hätten wir uns gewünscht, daß er unser tägliches Leben, die Wirklichkeit unseres Alltags kennenlernt. Petrus, der erste Papst, war ein wirklicher Papst, weil er sich auf die Seite der Gemeinden stellte und ihnen das Evangelium brachte. Der Vatikan dagegen hat vor allem Macht; wenn diese Macht für die Verteidigung der Armen eingesetzt würde, dann hätten wir auch heute einen wirklichen Papst. Darauf aber muß man heute lange warten, denn der Vatikan muß ja mit allen Regierungen auf gutem Fuße stehen. Deswegen kann der Papst kein klares Wort sagen, sondern nur vorsichtig taktieren, um sich nur ja nicht irgendwo in die Nesseln zu setzen.

Für uns hier war es schon wichtig, daß er überhaupt von Monseñor Romero gesprochen hat. Über seine Mörder freilich hat er da nichts gesagt, weil die ja gerade die Eucharistie mit ihm feierten. Es hat uns sehr ermutigt, daß der Papst zu Monseñor Romeros Grab gegangen ist und dort gebetet hat. Das war überhaupt das Beste am ganzen Besuch. Aber daß er das ohne das Volk tat, hat uns enttäuscht. Die wenigen klaren Worte des Papstes sind zudem noch von den Massenmedien verdreht oder verschwiegen worden. Nichts von dem, was er über den Dialog oder über die Option für die Armen sagte, ist veröffentlicht worden. Wir in den Basisgemeinden denken allerdings darüber nach.

Kommen wir zurück auf die Situation der Gemeinden, in denen du gearbeitet hast. In San Antonio Abad, einem Arbeiterviertel San Salvadors, war die Unterdrückung besonders schlimm, nicht wahr?

Dort wurden sehr schmerzliche Erfahrungen gemacht. San Antonio Abad ist eine Gemeinde der Märtyrer. Hunderte unserer Brüder wurden umgebracht. Aber die Arbeit dort war sehr fruchtbar. Die Basisgemeinden waren hier so um 1970 herum entstanden. In jedem Winkel des Viertels gab es Gemeinden mit einer Menge von Leuten.

Dann begannen harte Auseinandersetzungen. Wir sind mit den Leuten der dort alt eingesessenen Gemeinde aneinander geraten. Ihnen gehörte die Kirche, und sie waren sehr traditionell. Mit traditionell meine ich nicht die Bräuche des Volkes. Ich meine, daß die Leute einfach ungeheuer borniert waren. Mit ihnen entstanden also die ersten Konflikte im Viertel. Davon wußte auch der Bischof. Als er nämlich einen Priester dort einsetzen wollte, schlugen diese Leute dem Priester die Tür vor der Nase zu. Diese Gruppe wurde geradezu gefährlich für die Basisgemeinden. Auf ihre Anzeige hin wurde der erste Priester aus der Gegend entführt. Das war Anfang 1977. Er wurde von Zivilisten entführt. Wir haben sie allerdings als Leute von der Nationalgarde erkannt. Dieser Priester wurde in ihren Gefängnissen gefoltert und zusammen mit einem nordamerikanischen Priester ausgewiesen. Die Gemeinden machten aber weiter. Wir arbeiteten weiter, obgleich schon deutliche Anzeichen einer direkt gegen die Kirche gerichteten Repression zu spüren waren.

Ich erinnere mich an eine Versammlung der Basisgemeinden in Apopa. Die beiden Priester waren gerade ausgewiesen worden. Wir bereiteten eine Protestprozession vor. Bald darauf wurden Rutilio Grande und die beiden campesinos, die ihn begleiteten, ermordet.

Die Verfolgung traf nicht nur einzelne Priester, sondern auch die Gemeinden selber?

Schon 1979 hatte die ganze Gemeinde direkt unter der Repression zu leiden. Wir hatten damals ein Haus, in dem wir zusammenkamen, um unseren Glauben zu vertiefen, das Tagungshaus »El Despertar« (Das Erwachen). Die Regierung hielt es für eine Art Ausbildungszentrum der Guerilleros. Dabei waren die einzigen Waffen, die wir damals mit uns führten, unsere Bibeln. Also, der Priester Octavio Ortiz machte dort gerade eine Freizeit mit einer Gruppe von Jugendlichen. Im Morgengrauen umstellten Heer und Nationalgarde, ganz offen in Uniform, das Zentrum. Die Jugendlichen und der Padre waren noch nicht aufgestanden. Alles lag noch in den Betten. Die Armee brach einfach mit einem Panzerwagen die Eingangstür auf. Octavio Ortiz schlief gleich im ersten Zimmer. Er schreckte hoch, sprang aus dem Zimmer, um nachzusehen, und mußte so als erster sterben. Eindringende Soldaten und der Panzerwagen feuerten sofort auf die Jugendlichen. Diese versuchten, sich ins zweite Stockwerk und aufs Dach zu retten. Vier waren tot nach diesem Feuerüberfall. Die übrigen Jugendlichen und zwei Nonnen mußten ins Quartier der Nationalgarde mitgehen. Die zwei Schwestern wurden dort verhört. Alle Jugendlichen wurden eingesperrt. Die Mütter der Jugendlichen waren völlig verängstigt, besonders weil noch niemand wußte, wer die Toten waren. Es war nicht einmal klar, ob auch der Priester unter ihnen war. Alles, was man von ferne sehen konnte, waren Leichen auf dem Dach und Blut, das bis auf die Straße floß. Die Mütter suchten verzweifelt nach ihren Kindern im Gefängnis, um wenigstens herauszufinden, ob sie noch unter den Lebenden waren. Das Erzbischofsamt versuchte unterdessen zu erreichen, daß zumindest die Leichen freigegeben wurden. Es war schrecklich, als sie die Toten endlich herausbrachten: Die Leichen der Jugendlichen waren zerfetzt, das Gesicht von Octavio Ortiz völlig entstellt. Sogar der alte Hausmeister wurde noch festgenommen. Das Haus wurde dann geschlossen.

Wie reagierte die Bevölkerung des Viertels, die das alles miterlebte, und was waren die Folgen für eure Arbeit?
Nach dem Mord an Octavio Ortiz und den vier Jugendlichen breitete sich unter den Menschen in San Antonio Abad große Furcht aus. »Was haben wir denn Schlechtes getan, wenn wir über die Bibel und unser Leben als Christen nachgedacht haben?« Die Nationalgarde ließ uns nicht in Ruhe. Ganz offen, in Uniform,

spionierten sie im Viertel herum und versuchten, den Namen desjenigen herauszubekommen, der – wie sie sagten – »die Gruppe kommandiert« hatte. Es herrschte darum eine Atmosphäre der Angst in der ganzen Bevölkerung, besonders unter den Christen. Trotzdem aber kamen wir von neuem zusammen. Wir wollten nicht, daß die Angst uns fertigmacht. Natürlich konnten wir nicht mehr im Tagungshaus zusammenkommen. Die Christen, die dort ermordet worden waren, waren wie Heilige für uns. Aber gleichzeitig war es ein Ort, an dem man leicht denunziert werden konnte. Wir trafen uns also woanders.

Die gleiche Arbeit der Gemeinden ging nun langsamer, eben wegen der zunehmenden Unterdrückung. Wichtig aber war, daß die Angst uns nicht lähmte. Wir arbeiteten weiter, trotz allem, was wir gesehen hatten. Nur arbeiteten wir jetzt nicht mehr offen, sondern verdeckt – wie die ersten Christen in den Katakomben. Die Christen hatten eine große Erfindungsgabe, wenn es um einen Versammlungsort ging. Wir organisierten etwa einen Ausflug ans Meer, und dort gab es die Möglichkeit einer gemeinsamen Reflexion über Gottes Wort. Oder wir verabredeten uns zu einem Fußballspiel, einen Ball und eine Bibel im Rucksack. Wir trafen uns auch irgendwo in einer Schule, die uns Einlaß gewährte. Die Unterdrückung aber nahm zu. Viele Brüder wurden ermordet. Natürlich muß in solch schwierigen Zeiten sichtbar werden, was Christsein heißt. Und es wurde sichtbar, weil wir konsequent sein wollten in unserem Glauben. Und so organisierten sich viele Brüder im Widerstand. Viele von ihnen starben im Vulkan von San Salvador. Einmal waren es fünfundzwanzig, alles junge Leute, die der Basisgemeinde angehörten. Nach dem letzten Massaker dort gab es 35 Tote aus San Antonio Abad. Es war entsetzlich. In dieser Zeit holten sie überall in San Antonio Abad Leute ab, die sich ihrer

Meinung nach politisch betätigten. Es gab einige Spitzel – wir nennen sie orejas (Ohren) –, die in Polizeiuniform und mit Kapuzen auf dem Kopf zusammen mit der Polizei herumliefen und bestimmte Häuser anzeigten. Überall wurden Leute herausgeholt, oftmals welche, die überhaupt nicht engagiert waren. Sie holten sogar Zeugen Jehovas und Protestanten ab, die damals wirklich an gar nichts beteiligt waren.

Ich erinnere mich an eine Familie, die sehr viele Kinder hatte. Die Eltern waren zu Hause. Die Nationalgarde kam und wollte die Söhne mitnehmen. Der Vater redete auf sie ein, weinte und bat, seine Kinder nicht mitzunehmen. Daraufhin nahmen sie nur einen Sohn mit. Der Vater und die Mutter liefen hinter ihnen her. »Warum nehmen Sie mir meinen Sohn? Er hat doch nichts Böses getan!« rief die Mutter. »Na los, komm her, wir geben ihn dir«, sagten sie zu der Mutter und brachten im selben Augenblick die Frau und den Mann um, weil sie um ihren Sohn gebeten hatten. Diese Erlebnisse haben die Leute in San Antonio Abad in tiefste Schrecken versetzt. Es gab einen wahren Exodus von Eltern, die ihre Kinder suchen gingen. Es war einfach schrecklich. Viele von ihnen waren so zugerichtet, daß ihr Gesicht nicht mehr zu erkennen war – sie hatten kein Gesicht mehr. Ich weiß es, denn ich ging mit vielen Müttern, um die Leichen zu identifizieren. Alle Leichen wurden in das Tagungshaus gebracht.

Das Erzbischofsamt hat am nächsten Tag sofort die Mitteilung herausgegeben, daß es in San Antonio Abad einen Zusammenstoß zwischen Guerilla und dem Heer gegeben hätte. Aber es hatte kein Gefecht stattgefunden. Von unserem Haus aus konnten wir die Schreie der Mütter hören, die um ihre Kinder baten. Wir konnten auch den Lärm der Maschinenpistolen hören. Aber ein Gefecht war das nicht. Wir haben mittlerweile genug Kriegserfahrung, um zwischen einem Gefecht und dem Feuer von nur einer Seite unterscheiden zu können.

Danach wurde die Lage in San Antonio Abad noch schwieriger. Unser Zufluchtsort wurde bedroht. Am 25. März 1982 mußten auch wir verschwinden. Das Heer kam und durchsuchte alle Häuser. Es war der Vorabend der Wahlen, und in dieser Nacht war der Zentralrat für die Wahlen angegriffen worden. Wir erfuhren erst später davon. In dieser Nacht jedenfalls gab es eine schreckliche Schießerei. Wir lagen mit anderen Geflohenen auf den Boden gekauert, und die Kugeln gingen über uns hinweg. Von 12 Uhr nachts bis 6 Uhr morgens haben wir so gelegen. Noch nie hatten wir ein Gefecht so nah erlebt; sogar mit Kanonen wurde geschossen.

Als ich vor zwei Jahren in San Antonio Abad war, gab es auf dem Gelände von »El Despertar« ein Flüchtlingslager. Im großen Tagungsraum hingen Bilder der Märtyrer. Waren die Flüchtlinge hier jetzt nicht besonders gefährdet?

Natürlich, aber wo sollten sie denn hin? Sie suchten Zuflucht in unserem ehemaligen Tagungshaus. Als alle da waren, konnten wir allerdings noch immer keinen Moment schlafen, denn die Schießerei dauerte noch an. Die Soldaten kamen an diesem Morgen aber nicht durch die Eingangstür unseres Refugiums, sondern durch die Hintertür. Sie schlugen mit den Gewehren an die Tür. Die Flüchtlinge sprangen sofort auf. »Die Soldaten kommen, nicht wahr, Schwester?« Die Leute waren sehr nervös – nun, wir wissen ja, wenn Soldaten kommen, dann bestimmt nicht, um das Volk zu trösten. Ich ging also hinaus und fragte sie, warum sie mit ihren Gewehren gegen die Tür schlugen, normalerweise klopfe man doch mit der Hand an. Ein Kommandant kam, und ich fragte ihn, was er wolle. Die gesamte Straße würde durchsucht, sagte er. Und ich erwiderte, er möge einen kleinen Augenblick warten, bis ich geöffnet hätte, denn hier öffne man die Türen mit einem Schlüssel und nicht mit dem Gewehr. Die anderen Schwestern gingen zu den Flüchtlingen, um sie ein wenig zu beruhigen.

Die Soldaten kamen also herein und waren offensichtlich hungrig. Sie waren die ganze Nacht im Viertel unterwegs gewesen, um die Häuser zu durchsuchen. Jetzt hatten sie natürlich Hunger. Wir gaben ihnen zu essen. Als sie eintraten, schwärmten sie auch nicht gleich in alle Richtungen aus, sondern einer sagte zu mir: »Gestatten Sie, ich bin der Leutnant von dort und dort, und wir werden jetzt eine Hausdurchsuchung machen.« »Kein Problem«, antwortete ich, »Sie können durchsuchen. Kein Problem.« Ich begleitete dann den Leutnant mit seiner Gruppe. Die anderen Schwestern begleiteten je eine andere Gruppe, damit sie die Flüchtlinge nicht mißhandelten. Sie durchsuchten alles, Stück für Stück.

Was kam bei der Durchsuchung heraus? Gab es irgend etwas, was sie besonders interessierte?

Nun, sie durchsuchten jeden Winkel. Den ganzen Hof haben sie sich vorgenommen, und der ist ziemlich groß – ein richtig großer Garten. Sie schauten sich alle Löcher, die wir gegraben hatten, genau an. Wir benutzten die Gruben, um Müll zu verbrennen. In San Antonio Abad kommt ja keine Müllabfuhr vorbei. Sie suchten natürlich nach Waffen. Als sie dort keine fanden, rückten sie die Möbel ab. Sogar die Rohrleitungen haben sie nach Waffen abgesucht.

Wir hatten auch eine Klinik für die Flüchtlinge in der Unterkunft. Damit meinte nun ein Soldat, etwas gefunden zu haben. Er ließ den Leutnant rufen und sagte, daß in der Klinik Guerilleros versorgt würden. Ich erwiderte: »Keineswegs! Sie müssen wissen, daß es in jeder

Flüchtlingsunterkunft, die das Erzbischofsamt unterhält, eine kleine Klinik gibt. Die Flüchtlinge erhalten eben auch medizinische Hilfe.« Dann fiel dem Soldaten mein Besteck in die Hände, ein paar Injektionsnadeln, ein paar Pinzetten, das alles waren chirurgische Instrumente. Es waren die Sachen, mit denen die Leiterin der Unterkunft Injektionen machte. Als nun der Soldat neugierig daran herumfingerte, fragte ich: »Versteht denn der Bursche, der 'Krankenpfleger' da, überhaupt etwas von Medizin?« Das nahm der Situation etwas die Spannung. Der Leutnant selbst antwortete und lachte dabei: »Wenn Sie krank wären und sich auf den verlassen würden, ich glaube kaum, daß er Sie wieder gesund machte! Jedenfalls macht er nicht den Eindruck, als ob er viel davon versteht.« Ein bißchen Humor in der gespannten Lage.

Also, sie nahmen von allen Anwesenden die Personalien auf und befragten sie. Als sie bei der weiteren Durchsuchung an den Ort kamen, an dem ein Foto von Octavio Ortiz und den vier ermordeten Jugendlichen hing, war der Leutnant plötzlich wie umgewandelt. »Das ist es also, was die Kirche macht, was sie den Flüchtlingen beibringt!« schrie er. Unter dem Bild war eine kleine Inschrift angebracht: »Am 20. Januar 1979 schliefen noch alle, als die Stille plötzlich vom Bellen der Maschinengewehre und Dröhnen der Panzer zerrissen wurde, und der Himmel triefte von Blut.« »Das also ist es, was die Kirche lehrt?! Den Haß weckt sie in den Leuten, damit sie uns verabscheuen!« schrie der Leutnant. »Warum sagen Sie das?« entgegnete ich ruhig. »Das, was da aufgeschrieben ist, hat sich hier zugetragen.« Ich mußte natürlich vorsichtig sein wegen der Flüchtlinge. Also setzte ich hinzu: »Ich weiß allerdings nichts von den Geschehnissen. Mich hat das Erzbischofsamt erst vor einer Woche hier eingesetzt. Was da aufgeschrieben ist, interessiert mich nicht sonderlich.

Opfer der »Ordnungskräfte« (Juli 1980).

Flüchtlingskinder im Gedenkraum für die ermordeten Priester in San Antonio Abad (1981).

Grabstein der Basisgemeinden für José Alfonso Acevedo und Octavio Ortiz.

Tafel mit den Namen von Märtyrern, daneben die Bilder von Octavio Oritz, José Alfonso Acevedo und das verbotene Poster der Basisgemeinden zum Papstbesuch (1983).

Flüchtlingskinder – Opfer der Aufstandsbekämpfung (1981).

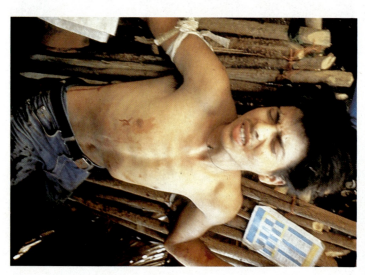

Opfer eines Luftangriffs in Consolación/Guazapa (März 1985).

Ich war noch nicht hier, ich habe es nicht selbst erlebt. Seit einer Woche sollen die anderen Schwestern und ich uns um die Flüchtlinge kümmern, bei ihnen sein und sie trösten.« Der Mann wurde wütend und fuhr mich an, daß jetzt das Gemeindebüro durchsucht werden müsse. In diesem Gemeindebüro waren alle möglichen Dokumente der Kirche und von »Justicia y Paz«, auch die Zeitschrift »Orientación« und was weiß ich noch alles. Ich mußte den Flüchtlingen soviel Aufmerksamkeit zuwenden, daß ich mich dort noch nicht genau hatte umschauen können. Der Leutnant ließ das Büro sehr, sehr sorgfältig durchsuchen. Plötzlich zog er ein Heft der »Orientación« hervor. Es war die Ausgabe jenes Monats – und damals orientierte sie wirklich! Diese Nummer hatte die Märtyrer zum Thema. »Aha! Das ist es, was die Kirche tut?!« Der Leutnant blickte wütend zu mir herüber. »Ich weiß nicht, wovon das handelt. Ich habe es nicht gelesen.« Er zog zwei Berichte von »Justicia y Paz« aus einem Stapel hervor. »Und das, was lehrt das?« »Hören Sie, wenn Sie die Schriften in der Hand haben, kann ich doch nicht sehen, was drinsteht. Aber, wie Sie auch selbst sehen können: 'Orientación' und das Bulletin 'Justicia y Paz' sind Informationsschriften des Erzbischofsamtes. Alle Christen können sie lesen.« Der Leutnant ging weg und sprach ein wenig abseits mit einigen Soldaten. Dann kam er zurück und sagte mir: »Kommen Sie, ich möchte mit Ihnen reden.« Er brachte mich in das durchsuchte Büro zurück. Meine Schwestern und ein paar Flüchtlinge kamen hinterher. Das Büro hat nämlich einen Ausgang zur Straße, und sie fürchteten, das Militär würde mich mitnehmen. »Setzen Sie sich«, sagte er. »Ich allein?« »Sie *sind* allein.« Daraufhin stellten sich einige Mitschwestern und Flüchtlinge in die Tür. Ein paar Soldaten bewachten uns. »Ich will ernsthaft mit Ihnen reden« – er sah mich an. »Sie sind also hier, weil Sie eine Anordnung zu befolgen haben?« »Ja, das Erzbischofsamt hat mich hier eingesetzt, und hier bin ich – wegen der Flüchtlinge.« »Ich will Ihnen etwas sagen: Auch ich habe Befehle zu erfüllen. Und heute morgen bekam ich den Befehl, hier hereinzukommen und alles über den Haufen zu schießen. Ich habe den Befehl nicht ausgeführt, weil Sie hier waren und weil Sie uns etwas zu essen gegeben haben. So war es diesmal. Aber Sie müssen mich verstehen. Ich erhalte meine Befehle. Und ich kann Ihnen nicht versprechen, daß wir es das nächste Mal noch genauso machen werden wie jetzt.«

Nun, er hat eben so mit mir geredet, wie es einer tut, der sich als einen guten Menschen darstellen möchte. »Sind Sie für irgend etwas engagiert?« fuhr er fort. »Was heißt irgend etwas? Ich bin Teil der Kirche, zu ihr gehöre ich.« Er fing nochmal von seinen Befehlen an und versuchte wieder, sich inn ein vorteilhaftes Licht zu rücken. »Diesmal ist es noch einmal gutgegangen«, sagte er, »das nächste Mal wohl kaum.« »Wollen Sie damit sagen, daß Sie hier eingedrungen sind, um diese Leute umzubringen?« »Ich habe meine Befehle.« »Aber wenn Sie einen Befehl ausführen, müssen Sie sich doch im klaren darüber sein, was Sie da tun! Sie hätten also diese Leute hier umgebracht? Sie haben sie doch jetzt gesehen. Und diese Menschen hätten Sie ermordet?« »Also, Schwester, ich möchte ehrlich zu Ihnen sein. Wir haben Leute gefangengenommen, die uns gestanden haben, daß an diesem Ort Guerilleros ausgebildet würden und daß die Guerilla hier Lebensmittel holen kann.« »Sie haben doch mit eigenen Augen gesehen, was es hier gibt: eine Gruppe von Leuten, die nicht mehr bei sich zu Hause wohnen können. Die meisten von ihnen sind Frauen, Kinder und alte Leute. Bevor Sie also einem Befehl Folge leisten, müssen Sie sich doch erst einmal klarmachen, was Sie damit anrichten!« »Das eine will ich Ihnen sagen«, schrie er mich an, »dies eine Mal sind wir im guten gekommen. Aber wir sind im Besitz von Zeugenaussagen, daß hier ein Ort der Guerilla ist. Darauf will ich Sie nur hinweisen!«

Das war deutlich. Im übrigen sind in San Antonio Abad auch die anderen Häuser durchsucht worden. Ich bekam sofort große Sorge, denn es würden offenbar schwierige Tage kommen. Die Flüchtlinge sagten, sie wüßten von nichts. Sofort setzten sich die Schwestern zusammen. Ein Seminarist war auch noch da. Wir mußten beraten, was jetzt zu tun sei. Die Lage war ziemlich verfahren: Es war kurz vor den Wahlen. Wir befanden uns in San Antonio Abad in einem gefährlichen Gebiet. Es hatte hier schon viele Märtyrer gegeben. Was also sollte geschehen?

Bevor wir noch entschieden hatten, benachrichtigte uns das Erzbischofsamt, es sei zu gefährlich, weiter an diesem Ort zu bleiben. Wir baten also sofort das Grüne Kreuz, sie möchten uns evakuieren. Noch am selben Tag rafften wir unsere Habe zusammen und gingen alle zusammen in ein Flüchtlingslager. Dort waren schon dermaßen viele Menschen, daß ein paar Schwestern uns einen anderen Aufenthaltsort besorgten, an dem die Flüchtlinge etwas menschlicher untergebracht werden konnten. Vorher, im Haus »El Despertar«, war es uns gelungen, wie eine richtige Gemeinschaft zu leben! Viele Leute kamen vom Land und waren dort schon Mitglieder von Basisgemeinden gewesen. Die Flüchtlingsunterkunft war mehr eine vorübergehende Bleibe, ein bloßes Lager; sie war zu einer wirklichen Gemeinde geworden. Wir hatten den geregelten Tagesablauf einer Gemeinschaft und taten alles gemeinsam.

Bevor der Bischof Geld für die Versorgung der Flüchtlinge bereitstellte, hatten es sich die benachbarten Basisgemeinden regelrecht zur Aufgabe gemacht, uns zu unterstützen. Wir hatten eigenes Land zum Anbau von Gemüse: Tomaten, Zwiebeln, Möhren. Wir lebten nicht wie in einem Flüchtlingslager, eher wie in einer Familie. Wir lebten eben in einer Gemeinde. Das war trotz allem einfach schön. Und für die Flüchtlinge war es eine Erleichterung, denn sie fühlten sich dort wie zu Hause. Wir mußten also weg von dort, und die Flüchtlinge wurden über die verschiedensten Lager zerstreut. Wir gingen am 25. März, dem Tag der Wahlen. Wir wissen nicht, was alles geschehen wäre, wenn wir dort geblieben wären. Am 28. März gab es ein weiteres Massaker in San Antonio Abad, und immer mehr Menschen mußten fliehen.

Was weißt du über die in San Antonio Abad Zurückgebliebenen?
Ich selbst fühle mich in meinem Christsein sehr motiviert durch die Glaubenskraft dieser Brüder. Die Gemeinde trifft sich trotz der schwierigen Lage immer noch. Sie wächst sogar ein wenig. Die Treffen der Gemeinde müssen jetzt noch mehr geheimgehalten werden; sie ist immer tiefer in die Katakomben gegangen. Das ist ein wenig die Erfahrung der Gemeinde in San Antonio Abad.

Und wie ist die Situation in den anderen Stadtvierteln?
Vielleicht habe ich dir die Erfahrungen aus einem besonders stark verfolgten Gebiet erzählt. Aber eigentlich ist es in den meisten Zonen der Stadt ähnlich, mit Ausnahme der Wohngegenden der Reichen natürlich. In den turgorios (Elendsvierteln) kann man eigentlich schon gar nicht mehr leben. Die wenigen, die dort geblieben sind, müssen äußerst vorsichtig sein, was ihr christliches Leben angeht. Aber in ihrem Engagement für das Volk lassen sie nicht nach. In San Ramon lebte ein sehr gläubiger, verheirateter Mann. Wir nannten ihn bald »Priester«. Nachdem nämlich der Priester, der früher in San Ramon arbeitete, die Gemeinde verlassen mußte, übernahm dieser Mann seine Aufgabe. Er be-

suchte die Menschen in der Gemeinde und ermutigte sie. Am 12. September 1982 wurde er ermordet.

Es gibt also, wie du siehst, eine große Zahl von Märtyrern in unseren Gemeinden. Das geht nicht spurlos an uns vorüber. Die christlichen Gemeinden hier fühlen sich außerordentlich stark motiviert durch das Zeugnis so vieler Brüder und Schwestern, die schon gefallen sind. An den Sonntagen gedenken wir der Märtyrer in der Eucharistie. Mittlerweile sind es schon 25 Brüder – so viele aus unserer Gemeinde sind schon gefallen, und es kommen immer mehr hinzu. Das ist ein wenig Erfahrung der Gemeinden in El Salvador.

Es gibt ja sogar Ausländer, die ihr Leben lassen, weil sie die Erfahrung unseres Volkes teilen. Ich denke da an die ermordeten holländischen Journalisten; einen von ihnen kannte ich. Viele Brüder kommen, um etwas von dem Zeugnis dieser Kirche und von der Erfahrung unseres gemarterten Volkes mitzunehmen zu den Menschen in ihren kalten Ländern, kalt deshalb – so haben sie es uns oft gesagt –, weil man dort nicht die Erfahrung lebt, die wir hier leben, diese Schmerzerfahrung. Die Zeugnisse unseres Schmerzes und Kampfes, so sagen sie es uns immer wieder, sollten die Menschen dort drüben aufrütteln. Und es gibt ja schon viele, die aufgewacht sind und Solidarität mit uns üben. Wir sind dafür dankbar. Jeder kleine Brief, der uns von unseren Brüdern dort erreicht, der ausdrückt, daß sie mit uns seien, zeigt uns, daß wir nicht allein gelassen sind. Das hilft uns, uns nicht allein gelassen zu fühlen. Inmitten all der Leiden und Schmerzen, die wir leben, ist das eine Gnade.

Ich möchte jetzt gern noch ein wenig über dich selbst wissen. Bist du eigentlich Nonne?

Rechtlich gesehen: nein; jedenfalls nicht in dem Sinne, daß eine Nonne einem Orden anzugehören hat.

Aber ich halte mich für eine Frau, deren Leben dem Dienst für das Volk geweiht ist. Und dazu hat uns auch der Lernprozeß in unserer Gruppe gebracht. Diese Gruppe hat uns die Erfahrung des Lebens in einer kirchlichen Basisgemeinde vermittelt. Unser gemeinsamer Weg, unsere Suche nach dem Leben, das wir jetzt führen, begann 1970. Wir waren damals Anwärterinnen auf das Noviziat in einem Orden. Wir merkten aber bald, daß die Orden in jener Zeit sich hauptsächlich um Erziehung, meist um höhere Erziehung kümmerten. Wir aber waren Mädchen aus armen Familien und wollten nicht zu Bediensteten der Kinder der Reichen werden. Wir wollten unsere Identität als Arme nicht verlieren. Wir wollten dort sein, wo das Volk auch ist. Voll Unruhe suchten wir nach neuen Möglichkeiten, das Evangelium zu verkündigen. Die Orden hatten aber damals überhaupt keine Vorstellung davon. Aus diesen Erfahrungen erwuchs bei uns der Wunsch nach einer gänzlich neuen Ordensgemeinschaft. Wir fingen sehr klein an. Ganz zu Anfang lebten wir in einer kleinen, billigen Pension zusammen. Das ist jetzt schon 13 Jahre her – meine Güte! –, 13 Jahre, die für uns gefüllt sind von der Erfahrung einer kirchlichen Basisgemeinde.

Die Frauen, die jetzt Mitglieder der »Kleinen Gemeinschaft« sind, so nennen wir unsere Gruppe, kommen aus christlichen Gemeinden, wo wir gearbeitet haben. Sie waren schon in jungen Jahren in den Basisgemeinden aktiv und wollen gern ein stärker religiöses Leben führen. Die Orden waren für sie allerdings nicht interessant. So ließen sie sich auf die Erfahrungen unserer Lebensform ein, die praktisch dem Leben in einer kirchlichen Basisgemeinde entspricht. Wir versuchen nicht, nach den strengen Regeln eines Ordens zu leben. Unsere Regeln kommen vor allem aus unserem Leben mit dem Volk. Unser Noviziat – wenn man das überhaupt so nennen will – ist die Erfahrung in den Basisgemeinden. In ihnen lernen wir, wie man ein wahrhaft brüderliches Leben führt, wie jeder mit jedem teilt.

Wie viele seid ihr? Und seid ihr irgendwie organisiert?
Wir haben zu viert angefangen. Jetzt sind wir sieben Schwestern in San Salvador. Zwei weitere Gruppen arbeiten außerhalb der Stadt bzw. im Exil. Es sind also drei kleine Gruppen, drei Zweiglein vom selben Stamm – den Basisgemeinden. Und wir arbeiten in den Gemeinden, ohne Freizeit für uns selbst zu haben. Wir haben keine Oberin, um das mal eben anzusprechen. Wir versuchen, unser Leben als Erwachsene zu führen. Normalerweise hat ein Orden eine Oberin. Als Anwärterinnen auf das Noviziat haben einige von uns das ja ein wenig mitbekommen, und wir meinen, daß unter einer Oberin die Frauen mit der Zeit unfähig werden, für sich selbst zu entscheiden. Immer ist es jemand anders, der einem vorschreibt, was man zu tun hat. Wir wollen als erwachsene Menschen leben und verantwortlich sein für das, was wir tun. Außerdem: Wenn eine von uns einen Fehler gemacht hat, dann weist sie nicht eine Person darauf hin, sondern die ganze Gruppe. Wir sind eben Schwestern, und so versuchen wir, alles zu teilen.

Ein sehr wichtiger Teil unseres Lebens ist das Gebet, natürlich nicht als ein vorgeschriebener Ritus. Wir tun es nicht, weil eben alle Nonnen beten müssen. Vielleicht haben wir deshalb eine für uns neue Dimension des Gebets entdeckt. Wir beten auf dem Weg zur Arbeit, während der Arbeit; alles, was wir tun, *ist* Gebet. Deswegen tun wir alles, so gut wir können. Außerdem treffen wir uns einmal am Tag im Kreis der Schwestern, um auszutauschen, was der Herr uns den Tag über zu tun gewährte, und um gemeinsam zu beten.

Habt ihr ein Haus, in dem ihr zusammen leben könnt?
Eigentlich ja oder auch nein. In unserem ersten Haus konnten wir nicht länger leben. Die Armee hatte es durchsucht. Wir mußten dabei auf dem Boden liegen und wurden mit Maschinenpistolen bedroht. Sie sagten, sie würden wiederkommen. In einem anderen Haus legten sie Bomben. Das nächste Haus riet man uns zu verlassen, weil man auch hier ein Attentat befürchtete. Bald mußten wir wieder die Wohnung wechseln, weil ein Bruder gefangengenommen wurde. Er hatte in seinem Engagement sehr viel gewagt und kannte unser Haus. So war es besser umzuziehen. Nun, in unserem Häuschen neben »El Despertar« konnten wir ja auch nicht bleiben. So sind wir hier gelandet, obwohl das nicht unbedingt den Vorstellungen unserer Gruppe entspricht. Denn wir sollten dort leben, wo eben die meisten Menschen wohnen, mit denen wir arbeiten. Wir waren immer entschlossen, von unserer eigenen Arbeit zu leben. Jetzt aber herrschte starker Priestermangel. Zudem ist unsere eigene Gruppe kleiner geworden; einige mußten das Land verlassen, andere hatten wichtige Aufgaben anderswo, wieder andere wurden umgebracht. Wir übrigen sind einfach zu wenige. Deshalb müssen wir unsere volle Arbeitszeit für die Arbeit in den Gemeinden einsetzen. Und wir leben jetzt praktisch davon, daß uns das Erzbischofsamt dieses Haus zugewiesen hat, und von dem Geld, was eine von uns als Sekretärin verdient. Die Gemeinden unterstützen uns auch. Wir essen meist auswärts, weil wir fast nie zu Hause sind.

Wie weit seid ihr am Kampf eures Volkes beteiligt?
Nun, wir wissen, daß wir hier in einem entscheidenden Augenblick unserer Geschichte leben, denn El Salvador befindet sich mitten im revolutionären Prozeß.

Allein die Tatsache, daß wir jung sind und daß wir auf eine neue Art zu leben versuchen, nötigt uns zu konsequenten Antworten auf die derzeitige Lage. Eben deshalb ist unter den Märtyrern auch eine Schwester von uns. Viele unserer engagierten Brüder stammen aus Basisgemeinden. Die Gemeinde hat sie geformt, hat sie vom Glauben her davon überzeugt, daß sie nicht die Augen vor dem verschließen dürfen, was dem Volk angetan wird. Und so haben sie sich politisch engagiert. Als Kirche fühlen wir uns in genau demselben Sinne verantwortlich, ihnen in ihrem politischen Engagement zur Seite zu stehen. So arbeiten auch Schwestern von uns als Nonnen an der Kriegsfront. Sie hören deshalb nicht auf, geweihte Frauen zu sein. Was sie tun, ist, daß sie ein Volk begleiten, ein ungeheuer gläubiges Volk. Wir fühlen, daß wir als Kirche da gegenwärtig sein müssen, wo die Zukunft geboren wird. Wir gehen einer Gesellschaft entgegen, in der die Menschen wie Brüder zusammenleben werden. Wir wollen an unserer Entscheidung als geweihte Frauen festhalten, und wir wollen beim Volk sein.

Dafür ist auch eine unserer Schwestern an der Kriegsfront gefallen – eine Frau mit vielen Fähigkeiten. Sie arbeitete als Krankenschwester und versorgte Verwundete, als sie ermordet wurde. Ihr Tod war für uns ein schwerer Verlust. Aber zugleich fühlten wir dadurch deutlicher, wo wir eigentlich stehen: auf der Seite des armen Volkes nämlich. Wir konnten nicht einmal ihren Leichnam bergen. Er wurde mit den Leichen von weiteren 97 Brüdern, ermordeten Brüdern einfach verbrannt und in einem Massengrab verscharrt. Wie viele Menschen unseres Volkes haben nicht auch Schwestern oder Brüder verloren und ihre Leichname nie gesehen! Mit der Zeit spürten wir, daß wir diese Erfahrung mit unserem gekreuzigten Volk teilen, daß wir gerade auch dadurch diesem armen Volk angehören, daß wir nicht einmal den Leichnam unserer Schwester begraben konnten. So fühlen wir uns als geweihte Frauen in besonderer Weise dem Schmerz unseres Volkes verbunden – also Folge unserer Entscheidung, beim Volk zu stehen. Das Martyrium unserer Schwester, das Monseñor Romeros und das aller unserer Märtyrer ermutigt uns und spornt uns dazu an, unser Leben als geweihte Frauen für das Volk trotz aller Schwierigkeiten konsequent weiterzuführen.

Wir müssen Zeiten großer Spannung durchleben. Ohne einen festen Glauben würden wir leicht entmutigt oder gar in Verzweiflung gestürzt werden, wenn wir daran denken, wie lange der Kampf schon dauert und daß wir vielleicht gar nichts erreichen werden.

Die Kraft, trotzdem weiterzumachen, finden wir im Zeugnis, im Leben unserer Märtyrer. Das sind nicht allein die Märtyrer der Kirche, sondern genauso die des Volkes. Sie halten uns aufrecht, sie helfen uns, ernst zu machen mit unserer Berufung als dem Volk geweihte Frauen. Und das heißt heute, bereit zu sein, das Leben zu geben. Wir fühlen, daß wir in diesem Moment dazu berufen sind. Das Leben zu geben, das meint nicht nur, daß wir getötet werden können, das meint vor allem, weiterzukämpfen trotz unserer Erschöpfung und Müdigkeit, trotz aller Spannungen und Schwierigkeiten, die es immer wieder in den Gemeinden gibt. Das Leben zu geben meint, ein Zeichen der Hoffnung zu sein. Denn das vor allem braucht unser Volk: seine Hoffnung aufrechtzuerhalten nach so vielen Jahren des Kämpfens. Manchmal fragen mich andere Brüder: »Und woher habt ihr die Kraft zum Weiterkämpfen? Wie könnt ihr so ein Leben ertragen?« Aber da ist doch das Beispiel und Zeugnis der Mütter, die ihre Kinder verlieren und dennoch standhaft bleiben und weiter um ihre Kinder kämpfen. Wie könnten wir diesem Beispiel untreu werden? Unsere Märtyrer und das Zeugnis dieses leidenden Volkes halten uns aufrecht. Wir danken es ihnen, daß wir weitermachen können.

Das ist ein wenig die Erfahrung, wie wir sie zu leben versuchen, eine Erfahrung vom Volk und von den Gemeinden aus – für die Gemeinden und für das Volk.

8. »Die Lieder der Armen können sie nicht töten«

Immer wieder blättere ich im »canta hermano«, jenem einfachen, gehefteten Gesangbuch der salvadorianischen Basisgemeinden, das mir beim Abschied geschenkt wurde; lese die Lieder der salvadorianischen Passion, Lieder, deren Melodien und Texte mir haften blieben. Aber es sind nicht meine, nicht unsere Lieder. »Denn es gibt Lieder, die nur von den Armen dieser Erde gesungen werden können« – wie es in der Einleitung zum »canta hermano« zu lesen ist –, d.h. nur von denjenigen, die die harte Realität auch leben, von der diese Lieder singen; nur von denjenigen, die die Tiefe der Not erleiden, in der diese Musik entstand. »Lieder, die aus dem Volk geboren werden und zu ihm zurückkehren – voll von Bedeutung.«

Nicht nur die Romero-Lieder verdanken ihre Entstehung konkreten Ereignissen. Alle Märtyrer dieses Volkes, die namenlosen und diejenigen, die alle kennen, leben weiter in den Liedern der Armen El Salvadors – wie in jenem Kyrie aus der »misa popular salvadoreña«, der salvadorianischen Volksmesse:

Señor ten piedad

Señor ten piedad,
Señor ten piedad,
de tu pueblo, Señor,
Señor ten piedad.

La sangre de Abel escucha el Señor;
e llanto del pueblo despierta en Moisés;
el grito que nace de nuestras entrañas
con mil artimañas lo quieren callar.

Señor, la injusticia nos duele y oprime,
ponte a nuestro lado, somos los humildes,
las botas y tanques aplastan con saña
a quien da su cara por todos, Señor.

Erbarme dich, Herr

Erbarme dich, Herr;
erbarme dich, Herr;
hab Erbarmen mit deinem Volk.
Erbarme dich, Herr.

Der Herr hört den Schrei des Blutes Abels,
das Klagen des Volkes durch Mose.
Den Schrei, der in unserem Inneren entsteht,
wollen sie mit Tausenden von Betrugsversuchen
zum Schweigen bringen.

Herr, die Ungerechtigkeit fügt uns Schmerzen zu
und drückt uns nieder.
Stell dich an unsere Seite, die wir arm sind.
Soldatenstiefel und Panzer zermalmen grausam den,
der sein Gesicht für alle gibt.

Für das Volk ist das historische Datum des folgenden Liedes gegenwärtig: jener 20. Januar 1979, als das Militär mit einem Panzer das Gemeindezentrum »El Despertar« von San Antonio Abad überfiel und fünf Teilnehmer eines Bibelkreises ermordet wurden, unter ihnen der Priester Octavio Ortiz, dessen Gesicht durch Stiefeltritte bis zur Unkenntlichkeit zerstört wurde.

Padre Octavio Ortiz

Basta ya, basta ya,
basta ya de muerte y falsedad.
Basta ya, basta ya,
es el grito en San Antonio Abad.

Una pena les traigo a cantar
ni las balas me han de callar,
nuestra sangre ha caído de nuevo
el 20 de enero en El Despertar,
cinco cuerpos tirados al suelo
levantan al pueblo
que empieza a gritar.

La Luz que alumbró aquella mañana
no fué el sol trás la montaña
fué el ejemplo de quien dio valiente
su cara inocente por los oprimidos
dió la vida por sus compañeros
para que los ciegos
podamos ver claro.

Su ideal fué el de la libertad,
vivir todos en comunidad,
fué siguiendo los pasos de Cristo
siempre estuvo listo
a cargar con la cruz,
hoy su luz brilla tan reluciente
como un sol ardiente
en nuestro despertar.

Padre Octavio has dejado esta tierra
aplastado por esas fieras
para el cielo se van los profetas
cantaba un poeta,
esa es la esperanza del que alcanza
con sangre la gloria
abriendo la historia
de los hombres nuevos.

Adelante con todas las fuerzas
borremos todas las tristezas
cinco hermanos nos están llamando
a seguir luchando
tenemos que andar
no dejar nunca nuestros ideales
nos gritan los mártires
del Despertar.

Padre Octavio Ortiz

Schluß jetzt,
Schluß jetzt mit Tod und Falschheit.
Schluß jetzt.
Das ist der Schrei in San Antonio Abad.

Von meinem Schmerz will ich euch singen.
Kugeln werden mich nicht zum Schweigen bringen.
Unser Blut ist von neuem vergossen worden
am 20. Januar in El Despertar.
Fünf Körper lagen erschossen am Boden;
sie lassen das Volk aufstehen,
das anfängt zu schreien.

Das Licht, das jenen Morgen erhellte,
war nicht die Sonne hinter den Bergen.
Es war das Beispiel dessen,
der sein unschuldiges Gesicht für die Unterdrückten gab;
der das Leben für die compañeros gab,
damit wir, die Blinden, klar sehen können.

Sein Ideal war die Freiheit,
daß alle in Gemeinschaft leben.
Er folgte den Schritten Christi.
Er war immer bereit, das Kreuz zu tragen.
Heute leuchtet sein Licht so hell
wie eine strahlende Sonne,
damit wir aufwachen.

Padre Octavio, du hast diese Erde verlassen,
hingeschlachtet durch diese Ungeheuer.
Auf in den Himmel fahren die Propheten,
so sang es ein Dichter.
Dies ist die Hoffnung dessen,
der mit seinem Blut Ruhm erlangte,
indem er die Geschichte der neuen Menschen eröffnete.

Voran mit allen Kräften
laßt uns alle Traurigkeit überwinden.
Fünf Brüder rufen uns auf weiterzukämpfen.
Wir müssen weitergehn.
Niemals dürfen wir unsere Ideale aufgeben.
Das schreien die Märtyrer von Despertar.

Mitglieder des zahnärztlichen Instituts während der militärischen Besetzung der Nationalen Universität (Juli 1980).

Militärrazzia in einem Arbeiterviertel San Salvadors (Juli 1980).

Flüchtlinge in der Kirche von Colomancagua/Honduras (1981).

Laura predigt auf dem Romero-Gedenkgottesdienst der Gemeinden von Guazapa in Consolación (24.3.1985).

Romero-Gedenkgottesdienst in Consolación/Guazapa (24.3.1985).

Überlebende in Platanares/Guazapa in ihrem durch das Militär während der Invasion im Februar 1985 zerstörten Haus.

In der Entscheidung zu Widerspruch, Widerstand und zum Kampf für das leidende Volk werden die alten prophetischen Berufungsgeschichten (vgl. Jeremia 20,9) wieder lebendig:

Tengo que gritar

Tengo que gritar,
tengo que arriesgar,
ay de mi si no lo hago,
como escapar de tí,
como no hablar
si tu voz me quema adentro.
Tengo que andar,
tengo que luchar ...

Deja a tus hermanos,
deja a tu padre y a tu madre,
abandona tu casa,
porque la tierra gritando está.
Nada traigas contigo
porque a tu lado yo estaré,
es hora de luchar
porque mi pueblo sufriendo está.

Ich muß schreien

Ich muß schreien.
Ich muß es wagen.
Wehe, wenn ich es nicht tue,
wie soll ich dir entfliehen,
wie nicht reden,
wenn deine Stimme in meinem Inneren brennt?
Ich muß mich auf den Weg machen.
Ich muß kämpfen ...

Laß deine Brüder zurück;
verlaß Vater und Mutter;
verlaß dein Haus, denn die Erde schreit.
Nimm nichts mit dir,
denn ich werde an deiner Seite sein.
Es ist Zeit zu kämpfen,
denn mein Volk leidet.

Solche im »canta hermano« gesammelten Lieder sind Poesie und Musik gewordene Leidens- und Befreiungserfahrung des salvadorianischen Volkes, reflektiert im Horizont lebendig angeeigneter biblischer Tradition. Mit ihrer untrennbaren Einheit von kollektivem und subjektivem Erleben sind es die Psalmen eines heute gekreuzigten Volkes und eines Volkes des Aufstands. Darum auch stellt dieses Gesangbuch der Armen El Salvadors für Militär, Todesschwadrone, Polizei, Oligarchie und US-Militärberater eine reale Gefahr dar. Denn diese Lieder können weder durch die von Reagan gelieferten Bomben noch durch die vom Pentagon ausgebildeten Elitebataillone noch durch die vom CIA aufgebauten Todesschwadrone zum Schweigen gebracht werden.

Im Gegenteil: *Eine* Antwort dieses heute im Interesse der Imperatoren der westlichen Welt ans Kreuz des Ost-West-Konfliktes gehefteten Volkes sind seine Lieder, seine aus einer unglaublichen inneren Kraft immer neu entstehenden Lieder mit ihren knappen und genauen Texten – zu sich selbst gekommene, weil gelebte Theologie der Befreiung.

Der im Santa-Fe-Papier angekündigte Kampf gegen die Theologie der Befreiung* wurde darum auch konsequenterweise von den »Sicherheitskräften« gegen die

---

*»Die Außenpolitik der USA muß damit beginnen, der Theologie der Befreiung, wie sie in Lateinamerika durch den Klerus der 'Theologie der Befreiung' angewendet wird, zu begegnen (und nicht nur im Nachhinein zu reagieren). Die Rolle der Kirche in Lateinamerika ist entscheidend für den Begriff politischer Freiheit. Leider haben die marxistisch-leninistischen Kräfte die Kirche als politische Waffe gegen den Privatbesitz und das kapitalistische Produktionssystem benutzt und die religiöse Gemeinde mit Ideen durchsetzt, die weniger christlich als kommunistisch sind.« (Komitee von Santa Fe, Eine neue interamerikanische Politik für die 80er Jahre, hrsg. v. ASK, Frankfurt a.M., o.J., S. 12)

Lieder der Basisgemeinden geführt: Subversiv und kommunistisch seien sie, ob sie nun am Boulevard del ejercito zur Begrüßung des Papstes oder in den geschlossenen Räumen einer kirchlichen Schule gesungen werden. So warnten Todesschwadrone 1984 das Colegio de Asunción mit Zeitungsartikeln und anonymen Drohbriefen, daß man in dieser Schule Bomben legen werde, falls die subversiven Gesangbücher nicht verbrannt würden.

– »Den Propheten können sie töten, seine Stimme der Gerechtigkeit nicht.« – »Es ist Zeit zu kämpfen, denn mein Volk leidet.« – »Wenn der Arme an den Armen glaubt, dann werden wir Freiheit erringen«: das sind die Grunderfahrungen, wie sie aufbewahrt und weitergegeben werden in den Liedern, »die nur von den Armen dieser Erde gesungen werden können.« Diese Lieder können sie nicht töten.

In dem Teil des »canta hermano« mit den Märtyrerliedern ist die Hälfte einer Seite freigelassen für »wichtige Tage in deiner Gemeinde«. Das meint, die Passion dieses Volkes geht weiter. Denn die wichtigen Tage sind die Tage der Erinnerung an die Märtyrer der Gemeinde.

Wieviel Tausende seit der semana santa 1983? Die 50000 Ermordeten dieses Fünf-Millionen-Volkes reichen dem Sicherheitsbedürfnis der Führungsmacht der westlichen Welt samt ihren kritiklosen Freunden – auch in unserer eigenen Regierung – noch immer nicht. Täglich eine Million Dollar für die Fortsetzung des Mordens im air-land-battle-Stil, systematische Bombardierungen der Zivilbevölkerung, Napalm und chemische Waffen eingeschlossen. Effektiver als in Vietnam soll dieser Krieg geführt werden – hinter dem Propagandaschleier von »Demokratie und Menschenrechtsverbesserungen«.

Es liegt auch an uns, wenn das ein Ende haben soll, damit dieses Volk endlich sein Ostern feiern kann.

»Wenn wir für die Brüder kämpfen, entsteht Gemeinde. Christus lebt in der Solidarität.«

Hermana Silvia

Hermana Silvia, donde estas?
Hermana Silvia, donde vas?

Estoy en el presente y futuro
voy por caminos y veredas
voy abriendo los surcos (bis)
de una historia nueva.

Estoy en el ave que asciende
en el canto y la rima
estoy en el grano que muere (bis)
y resucita pa' dar vida.

No busques mi tumba
estoy entre el pueblo
estoy en el pobre que entrega (bis)
su vida por el reino.

Schwester Silvia, ermordet durch Militär in einem Untergrundkrankenhaus der Befreiungsbewegung am 17.1.1981; José Alfonso Acevedo, Mitarbeiter einer Basisgemeinde, ermordet am 12.9.1982.

Lied für Schwester Silvia († 17.1.1981)

Schwester Silvia, wo bist du?
Schwester Silvia, wohin gehst du?

Ich bin in der Gegenwart und Zukunft.
Ich gehe auf Wegen und Pfaden.
Ich öffne die Furchen
einer neuen Geschichte.

Ich bin ein Vogel, der sich in die Lüfte erhebt
im Gesang und im Gedicht.
Ich bin im Weizenkorn, das stirbt,
und bin auferstanden, um Leben zu geben.

Sucht nicht mein Grab.
Ich bin in unter meinem Volk.
Ich bin in dem Armen,
der sein Leben gibt für das Reich Gottes.

**Postskriptum für Laura Lopez,
ermordet am 24. April 1985**

Am 24. April 1985 wurde *Laura Lopez,* Katechetin der christlichen Basisgemeinden, während einer militärischen Invasion in der Guazapa-Zone durch Elitesoldaten der salvadorianischen Armee ermordet.

Dieses Gebiet zwischen dem Guazapa-Vulkan und dem Stausee von Suchitoto ist seit Jahren Opfer erbarmungsloser Luftangriffe und militärischer Invasionen, seit 1984 bevorzugt ausgeführt durch die von den USA ausgebildeten Spezialbataillone der »unmittelbaren Reaktion«. Die bewegliche, in kleinen Einheiten operierende Guerilla wird dadurch nicht getroffen, wohl aber die unbewaffnete Zivilbevölkerung. Und genau das ist auch das erklärte Ziel dieser Art Kriegsführung, die sich die von den USA in Vietnam gemachten Erfahrungen zunutze macht. Die in den von der FMLN jedenfalls zeitweise kontrollierten Gebieten lebende Bevölkerung soll ausgelöscht werden.

Guazapa – das ist heute eine Landschaft der verbrannten Erde. Als ich im März 1985 dort war, fragte ich mich, was denn hier überhaupt noch vernichtet werden kann; es gibt kein Haus, kein Zuckerrohr- oder Maisfeld, keine Tiere, keine Schule oder Kirche, die inzwischen nicht dieser systematischen Zerstörung zum Opfer gefallen wären. Aber es gibt noch jenen »Rest« der Zivilbevölkerung, jene Alten, Kinder und Frauen, die entschlossen sind, auf dieser verbrannten Erde zu überleben oder zu sterben. Sie kämpfen – das wird oft vergessen – bereits seit Anfang der siebziger Jahre um ihr Land und um ihr Leben. Sie haben sich eine Selbstorganisation des Zusammenlebens (poderes populares) geschaffen, die – bis jetzt jedenfalls – eine der Bedingungen ihres Überlebens ist.

Aus der Mitte dieser Menschen stammte Laura. Sie zeigte mir in Platanares die Mauerreste des Hauses, in dem ihre Familie gelebt hatte. Sie erzählte mir, wie sie in der inzwischen zerstörten Kirche von El Zapote an den ersten Ausbildungskursen für Katecheten teilnahm, die der 1977 ermordete Priester Rutilio Grande in dieser Region organisiert hatte und mit denen die gewerkschaftliche und politische Selbstorganisation dieser Bevölkerung ihren Anfang nahm.

Ihre Arbeit galt den Kindern, aber sie war zugleich Seelsorgerin und eine wahrhaft geniale Predigerin für das Volk. Ich erinnere mich an jenen Kreuzweggottesdienst des Restes der Gemeinde von Platanares am Freitag, den 15. März – Menschen auf der Flucht vor einer neuen militärischen Invasion. Angesichts eines sprachlos machenden Terrors und Leidens gelang es Laura, daß diese Menschen sich mit dem, was ihnen angetan wird, in den Erzählungen der Passion Jesu wiedererkennen und daß sie so über das, was sie erleiden, miteinander sprechen können. Menschen, die zum bloßen Objekt einer brutalen militärischen Strategie der verbrannten Erde und des liquidierten Lebens gemacht werden, konnten sich noch einmal gemeinsam ihrer Subjektivität, ihres Menschseins als Handelnde und Hoffende versichern – aber wie lange noch?

Am 18. April begann die militärische Operation »Roblar I« der Elitebataillone Atlacatl und Ramon Belloso, angeführt von dem US-Major Queen. Am 22. April näherte sie sich den verstreut liegenden Hütten von Consolación, dem Dorf, in dem Laura mit ihren Kindern und den anderen Katecheten lebte. In dem unterirdischen Versteck, in dem die fliehenden Menschen an jenem 24. April Schutz suchten, reichte der Raum nicht mehr für alle. Laura stellte mit anderen ihren Platz zur Verfügung; auf dem Weg zu einem weiter entfernt liegenden Versteck fiel sie ihren Mördern in

Soldatenuniform in die Hände. Seitdem gehen die mörderischen Operationen des salvadorianischen Militärs und der Luftwaffe gegen eine wehrlose Zivilbevölkerung weiter: in Guazapa-Cuscatlan, in Cabañas, in Chalatenango, in Morazán, in San Vincente, in Usulutan; Luftangriffe von gleichzeitig über 30 Kampfbombern und Helikoptern; unmittelbar daran anschließende Verfolgung der vor den Bombenangriffen fliehenden Bevölkerung durch Spezialtruppen, die von Hubschraubern abgesetzt werden; Ermordung, Gefangennahme und Deportation, Folterungen durch das Militär – Hunderte von Menschen sind davon in diesen Wochen betroffen.

Die Nachrichten, die mich in diesen Tagen des Sommers 1985 erreichen, finden keine Presse; von den internationalen Medienagenturen werden sie unterdrückt. Ich bitte die Leser dieses Buches, sich mit einem Protestbrief an den christdemokratischen Präsidenten *Dr. José Napolen Duarte, Casa Presidencial, San Salvador, El Salvador, C.A.*, zu wenden, der bis heute als eigentlich Verantwortlicher die Tatsache der Bombardierung der Zivilbevölkerung abstreitet. Vor allem aber bitte ich die Leser, Briefe an die betroffenen Gemeinden der erwähnten Gebiete zu schreiben: *Centro Pastoral Uca, Aptdo. 668, San Salvador, El Salvador, C.A.*, als Ausdruck der Verbundenheit und Solidarität.

Testimonio der überlebenden dreizehnjährigen Tochter von Laura Lopez vom 15. Mai 1985

An diesem Tag – es war der 22. April 1985 – verließen wir unser Haus, nachdem wir benachrichtigt worden waren, daß sich der Feind näherte. Es war vier Uhr nachmittags. Wir liefen zu einem Ort, an dem sich die Bevölkerung sammelte. Meine Mama sagte mir, daß

wir in unserem Versteck bleiben würden. Es gab aber einige Leute, die nicht wußten, wo sie bleiben konnten, denn in dem unterirdischen refugio gab es nicht mehr genügend Platz. Da entschied meine Mama, daß wir mit anderen das refugio verlassen sollten. Am nächsten Tag trafen wir auf eine Gruppe von 35 Menschen, die schon seit Tagen Durst und Hunger litten. Wir befanden uns an einem Ort, der als »Valle Verde« (Grünes Tal) bekannt ist. Am Mittwoch, den 24. April, wurden wir in einer Entfernung von ungefähr 200 Metern vom Heer umzingelt.

Um drei Uhr nachmittags entdeckte das Heer einen alten Mann. Er wurde erschossen. Vergeblich versuchte er noch zu fliehen. In diesem Augenblick begannen auch alle anderen wegzulaufen. Und das Heer verfolgte uns. Ich lief mit meiner Mama zusammen, als sie von der ersten Kugel in den Rücken getroffen wurde. Da sagte ich zu ihr: »Mama, sie haben dich verletzt!« Und sie sagte zu mir: »Sei still, schrei nicht!« Ich dachte: »Vielleicht hat sie gar nicht gemerkt, daß sie getroffen wurde« – und lief weiter. Aber sie war schon sehr erschöpft. Da traf sie der zweite Schuß ins Bein. Und jetzt, wo sie nicht mehr laufen konnte, sagte sie zu mir: »Kind, nimm die Tasche und behalte sie immer bei dir, und versuch wegzulaufen, denn mich haben sie fertiggemacht.« Und da war sie schon zu Boden gestürzt.

Ich rannte weiter mit der Tasche und versteckte mich unter einem Strauch. Da sah ich, wie das Heer ein kleines Mädchen von sieben Jahren erschoß – es wurde in den Unterleib getroffen und auf dem Boden liegengelassen, ganz dicht an der Stelle, wo ich mich versteckt hatte. Als ich glaubte, daß das Heer sich etwas entfernt hatte, sagte ich zu dem vor Schmerzen schreienden Kind, daß es ruhig sein sollte, daß es aufhören sollte zu schreien, weil die Soldaten sonst zurückkommen würden. Ich zog es dorthin, wo ich mich befand. Und mit einer Socke, die in der Tasche meiner Mutter fand, verband ich es, damit es nicht noch mehr Blut verlor.

In der Nacht des gleichen Tages und am folgenden Donnerstag stiegen wir den Berg hinauf zu einem Ort,

Kinder vor einem refugio in San Cristobal/Guazapa (1985).

der »Base Corozal« heißt. Am Freitag, den 26. April, um 11 Uhr nachmittags, glaubten wir, daß das Heer sich wieder entfernt hatte. Wir verließen den Berg in Richtung auf das Haus in Consolación, in dem wir lebten. Gegen zwei Uhr nachmittags waren wir da. Das verletzte Kind brachten wir zu ihrem Vater, der noch nichts von seinem Schicksal wußte.

Am Samstag, den 27. April, gingen wir den Leichnam meiner Mutter suchen. Wir fanden sie mit halb abgetrenntem Kopf – der Hinterkopf war vollkommen zerstört, er hing nur noch an einem Stück Fleisch. An der gleichen Stelle fanden wir noch zwei andere, die nicht hatten weglaufen können und die sie hier getötet hatten. So geschieht es immer, wenn das Heer sagt: »Lauft nicht weg, wir tun euch nichts!« – und dann die Menschen erschießt. Es war schon neun Uhr abends, als wir meine Mama und die anderen beiden Toten begruben. Wir hatten Glück, daß die Sonne nicht mehr schien, denn die Leichen rochen schon. Wenn die Sonne geschienen hätte, hätten wir sie nicht begraben können.

Spenden für die Basisgemeinden El Salvadors bitte an:
Christliche Initiative Romero e.V.
Kardinal von Galen Ring 45, 4400 Münster
Darlehenskasse im Bistum Münster
(BLZ 400 602 65) 31 12 200
Informationsstelle El Salvador e.V.
Heerstr. 205
5300 Bonn 1
PSchA Köln/Kto.-Nr. 332 276-507
medico international
Hanauer Landstr. 147-149
6000 Frankfurt a.M. 1
PSchA Köln/Kto.-Nr. 6999-508 (Stichwort: »El Salvador«)

FE y PRACTICA

COMUNIDADES CRISTIANAS EN LAS ZONAS
BAJO CONTROL POPULAR

»Se Gloria Nuestra Iglesia de haber Mezclado su Sangre de Sacerdotes, de Catequistas y de Comunidades, con las Masacres del Pueblo, y haber llevado siempre la Marca de la Persecución.« (Mons. Romero – 17 de Febrero de 1980)

Glaube und Praxis

Die christlichen Gemeinden in den Zonen
unter der Kontrolle des Volkes

»Es ehrt unsere Kirche, daß sie das Blut ihrer Priester, Katecheten und Gemeinden mit den Massakern des Volkes vermischt hat und immer das Zeichen der Verfolgung getragen hat.« (Mons. Romero – 17. Februar 1980)

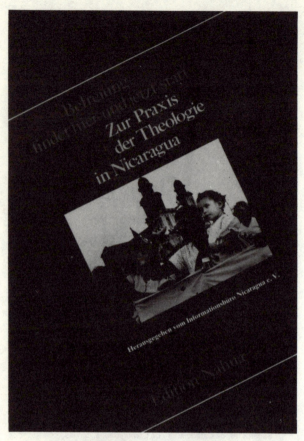

1. Auflage, Wuppertal 1982, 160 Seiten
mit zahlreichen S/W-Abbildungen, DM 14,–

Edition Nahua

Veröffentlichungen zu Mittelamerika GmbH
Verlag und Versandbuchhandlung
Katernberger Schulweg 123
Postfach 10 13 20
5600 Wuppertal 1

Tomás Borge Martínez
**Die Revolution kämpft
gegen die
Theologie des Todes**
Fribourg/Münster 1984
120 Seiten, DM 9,80

Hugo Assmann u.a.
**Die Götzen der Unterdrückung
und der befreiende Gott**
Münster 1984
200 Seiten, DM 27,–

H.-J. Venetz/H. Vorgrimler (Hg.)
**Das Lehramt der Kirche
und der Schrei der Armen**
Fribourg/Münster 1985
180 Seiten, DM 24,50

Franz J. Hinkelammert
**Die ideologischen Waffen
des Todes**
Fribourg/Münster 1985
330 Seiten, DM 42,80

**Bitte fordern Sie unseren gemeinsamen Verlagsprospekt an:
edition liberación · Postfach 1744 · D-4400 Münster
Edition Exodus · Postfach 265 · CH-1701 Freiburg**

EL SALVADOR
Ein Land im Kriegszustand

In den durch die FMLN befreiten Gebieten wurden neue Strukturen geschaffen – die Poderes Populares Locales (PPL/Örtliche Volkskomitees), die in der Volksversammlung gewählt werden.

Immer wieder gibt es militärische Angriffe auf die Zivilbevölkerung, deren Gesundheitszustand von Unterernährung, psychischen und psychosomatischen Krankheiten geprägt ist.

Eine Aufgabe der PPL ist es, Volksambulanzen zu schaffen für:

Behandlung häufiger Krankheiten
Präventivmedizin
Erste Hilfe
Geburtshilfe
Krankentransporte

Die Aktionsgemeinschaft Solidarische Welt e.V. (ASW) unterstützt die Volksambulanzen. Ihre Spende erbitten wir unter der Kenn-Nr: 6100.

Bank für Gemeinwirtschaft, Berlin
Kto.-Nr: 1600 2208 00, BLZ: 100 101 11

AKTIONSGEMEINSCHAFT
SOLIDARISCHE WELT e.V.
Friedrichstr. 236
1000 Berlin 61